# CONSTANCE VERRIER

PAR

GEORGE SAND

COLLECTION HETZEL

MELINE, CANS ET C<sup>ie</sup>
BOULEVARD DE WATERLOO, 35
A BRUXELLES

# CONSTANCE VERRIER

# CONSTANCE VERRIER

PAR

GEORGE SAND

COLLECTION HETZEL.

MELINE, CANS ET C<sup>ie</sup>
BOULEVARD DE WATERLOO, 35
A BRUXELLES

1860
Tous droits réservés.

Dans la préface de *la Nouvelle Héloïse,* il y a maintenant cent ans révolus, Jean-Jacques Rousseau disait : « Jamais fille chaste n'a lu de romans. Celle qui, malgré le titre du mien, en osera lire une seule page, est une fille perdue ; mais qu'elle n'impute point sa perte à ce livre : le mal était fait d'avance. »

Depuis un siècle, le roman s'est bien relevé de l'arrêt porté par Rousseau ; il n'est pas nécessairement pernicieux. C'est un instrument qui s'est beaucoup perfectionné. Des mains habiles et fécondes peuvent faire résonner toutes ses cordes. Il peut se prêter à l'enseignement de tous les âges et de toutes les situations ; il peut faire éclore chez l'enfant et développer chez l'adolescent le sens du beau et du bien ; il peut confirmer et consacrer cette notion chez l'homme mûr et chez le vieillard ; mais ce ne sera pas toujours par les mêmes moyens ni avec le même procédé, et il ne serait pas absolument juste de vouloir obliger l'artiste à chanter exclusivement et perpétuellement pour tel ou tel auditoire. Ce qu'il y a de certain, c'est que le roman est une forme qui permet d'écrire alternativement pour tous, au gré de l'inspiration et dans la mesure d'une puissance donnée.

Si Rousseau écrivait aujourd'hui sa préface, dirait-il : Nulle fille prudente n'a jamais lu de romans sans consulter sa mère?

Non : la prudence étant le fruit de l'expérience, n'en attendons pas de la part des jeunes filles pures. Si elles pouvaient se méfier de ce qu'il leur est prescrit d'ignorer, c'est qu'apparemment elles en auraient déjà quelque notion et que leur candeur ne serait déjà plus très-complète. C'est donc aux parents des jeunes filles que l'auteur aurait à s'adresser, pour leur dire : Ne mettez pas de romans dans les mains de la jeunesse avant de les avoir lus vous-mêmes, et faites, s'il se peut, que vos enfants aient assez de conscience pour ne vouloir jamais rien lire sans votre permission.

Car ce ne sont pas seulement les romans qui, en s'introduisant dans nos maisons et en traînant sur vos tables, menacent la candeur de vos filles. Il y a beaucoup d'autres livres plus anciens, plus sérieux et beaucoup plus explicites. Il y a la Bible d'abord, livre sublime qui n'a pas été composé pour les jeunes filles, ni même pour les jeunes garçons. Il y a les Pères de l'Église et presque tous les ouvrages de théologie. Il y a Platon et presque tous les philosophes, historiens et poëtes de l'antiquité et des temps modernes. Il y a

Homère, Dante, Shakspeare, Molière, Gœthe, etc., etc. Il y a tous les livres d'histoire naturelle, de médecine et de chirurgie; il y a tous les journaux, et surtout ceux qui rendent compte des réquisitoires de cours d'assises; il y a tout enfin, ou presque tout, car rien ou presque rien n'a été ou n'est écrit pour les jeunes âmes dont le bonheur et la pureté consistent à ignorer à peu près tout.

Faudra-t-il, parce qu'un ignorant peut en abuser, prohiber tous les médicaments qui, pris à haute dose et sans discernement, peuvent donner la mort?

Jean-Jacques Rousseau, tourmenté de l'idée de ce danger, s'est empressé de marquer son livre d'une étiquette, comme une fiole de pharmacie, déclarant qu'il lui a donné à dessein un titre propre à faire reculer les jeunes imprudentes. Dieu nous garde de railler l'austère naïveté d'un si beau génie, mais il nous est impossible de ne pas songer, en ce moment, à Cassandre, écrivant en grosses lettres sur sa bouteille de vin fin : *Poison mortel*, pour la préserver de l'ivrognerie de Pierrot, qui ne sait pas lire.

Nous nous abstiendrons donc de changer le titre insignifiant de *Constance Verrier*, et nous espérons qu'il y a peu de parents assez stupides et assez négligents pour confier un livre quelconque aux petites demoiselles, avant d'avoir constaté que ce livre est un traité d'éducation à leur portée.

Nous disons avec intention *les petites demoiselles*, car, protestant toujours contre la préface de notre cher et grand Rousseau, nous ne croyons pas que le désir de s'éclairer soit, pour toute jeunesse, la pente qui conduise fatalement au mal. Il faut distinguer ce désir, sérieux chez une fille majeure, de la curiosité maladive d'une enfant. C'est pourquoi nous avons montré sans scrupule une vierge pure, arrivée à tout le développement de sa raison, ne reculant pas devant la connaissance des orages et des dangers de la vie, et trouvant là plus de forces pour s'en préserver. Une pareille situation n'est pas tellement exceptionnelle que nous ne soyons pas en droit de l'avoir prévue.

Du moment où l'on nous accordera ceci, nous ne voyons pas pourquoi les mères de famille se scandaliseraient du ton de franchise avec lequel ce livre a été écrit, et du sentiment de droiture qui l'a dicté. Nous savons qu'il traite sans détour des sujets les plus délicats de la vie des femmes : nous l'avons voulu ainsi, parce que la chasteté ne nous a jamais paru en sûreté sous les voiles du double sens. Selon nous, l'anatomie de la pensée doit être faite sans emblèmes gracieux et sans sourires maniérés. C'est dans les coquetteries de la parole que nous trouvons la véritable indécence. Voilà pourquoi, dans ce livre, nous avons touché sans crainte le vif de certaines situations, au risque de déplaire aux femmes qui pratiqueraient encore en secret la philosophie de l'amour au commencement du xviii<sup>e</sup> siècle. S'il en existe beaucoup, ce ne sont pas celles-là que nous espérons ramener à l'idéal de notre époque. L'utilité espérée de cet ouvrage consiste à montrer l'amour vrai triomphant du sophisme des sens et des paradoxes de l'imagination.

Quant aux maris qui craignent la lecture des romans pour leurs femmes, nous les engageons fort, s'ils sont dans les idées de *M. le duc d'Évereux,* à ne leur laisser lire ni romans, ni mémoires, et nous déclarons être tout à fait ignorant de l'espèce de moralité qui pourrait ne pas blesser leur exquise délicatesse.

Nous espérons que ces maris sont rares; mais nous sommes toutefois persuadé d'une chose : c'est que ce livre sera beaucoup discuté par la plupart de ceux qui le liront, et nous croyons précisément très-utile de soulever ces discussions, dans un temps où l'on ne demande plus guère d'autre talent aux écrivains que celui de ménager beaucoup l'hypocrisie.

George Sand.

Nohant, 18 décembre 1859.

# CONSTANCE VERRIER

## PREMIÈRE PARTIE

### I

Madame Ortolani était une femme charmante. Fille d'un riche gentilhomme de province, et mariée en premières noces au vieux marquis de Grions, elle avait épousé à quarante ans un économiste étranger, chargé autrefois de diverses missions diplomatiques; homme d'esprit, de science, d'une très-belle figure, encore jeune, et d'un commerce agréable. Elle n'osa jamais avouer que ce fut un mariage d'amour, et pourtant ce n'était pas une affaire de convenances, car Ortolani n'avait ni naissance ni fortune. Ses talents et ses relations lui procuraient des occupations convenablement rétribuées et de l'aisance. Quant à son nom, qui était fort honorable, il ne le devait qu'à lui-même.

La noble famille de l'ex-marquise de Grions, celle du marquis défunt, et toutes les personnes titrées au milieu desquelles madame Ortolani avait passé sa vie, commencèrent par la blâmer et par s'éloigner d'elle; mais, grâce à son caractère aimable et à un mélange de franchise et d'adresse qui avait un grand charme, elle sut empêcher les ruptures formulées, éviter les discussions, et, peu à peu, ramener à elle la meilleure partie de ses anciennes relations, la partie généreuse ou intelligente. Elle gagna donc à son changement de position de pouvoir faire un choix, une sorte d'épuration.

Elle aimait le monde, non pas précisément le grand monde, mais le monde en quantité. Les relations de son mari étaient nombreuses et variées. Dans sa double carrière diplomatique et scientifique, il avait côtoyé les sommités de l'influence et du talent. En outre, il était frère d'une pianiste célèbre, femme de beaucoup d'esprit et de savoir.

Madame Ortolani ouvrit donc sa maison à plusieurs amitiés sérieuses et à beaucoup de relations agréables. En fait de talents, elle reçut d'abord des artistes étrangers. Tout ce qui arrivait à Paris pour s'y produire était désireux de faire là une première épreuve, devant un certain nombre de personnes compétentes. Mademoiselle Ortolani, la musicienne, était chargée de choisir et d'amener à sa belle-sœur tout ce qui avait un certain mérite en fait de virtuoses.

Un peu plus tard, plusieurs artistes français éminents, appelés à venir juger et protéger leurs confrères des autres pays ou de la province, prirent tout naturellement l'habitude de cette maison confortable, animée, enjouée, dont la maîtresse avait l'art suprême de s'occuper de tous et de chacun, de mettre tout le monde à l'aise en ayant l'air de ne se tourmenter de rien et de s'amuser pour son propre compte.

Ce salon fut un des derniers vestiges de l'ancienne société française. De 1840 à 1855, en dépit des révolutions, il tint sans éclat, sans faste et sans prétentions une place choisie au milieu du monde. Il faut dire au milieu, parce que ce fut un petit point central où toutes les classes de la société furent simultanément représentées, et où les rangs et les opinions les plus contraires furent étonnés de se trouver face à face sans aigreur et sans querelles. On y venait par curiosité d'abord, et on y revenait par goût : dans la semaine, par petits groupes qui se questionnaient, se tâtaient pour ainsi dire, et se séparaient sans s'être entendus, mais sans s'être scandalisés ni haïs ; le lundi, par groupes plus nombreux qui arrivaient à faire masse, et que le plaisir d'entendre une bonne lecture ou d'excellente musique réunissait dans un sentiment commun d'approbation ou de plaisir.

Nous ne dirons rien de plus ici du couple Ortolani, sinon que le mari était estimé et la femme aimée. Celle-ci avait le cœur essentiellement bon et dévoué; chez elle, l'art d'obliger était orné de toutes les grâces de l'esprit.

Le but de ce préambule est d'expliquer, sans fiction romanesque, comment une liaison romanesque put se former en plein Paris, sans motif d'intérêt et sans occasion d'intrigue quelconque, entre trois personnes que leurs positions, leurs caractères et leurs habitudes ne devaient pas naturellement rapprocher.

C'étaient trois femmes : une duchesse, une bourgeoise et une artiste.

La duchesse était madame d'Évereux, son petit nom était Sibylle.

La bourgeoise s'appelait Constance Verrier. Son père avait fait honorablement des affaires lucratives.

L'artiste, c'était la charmante Mozzelli, une cantatrice de second ordre sur le théâtre, mais qui prenait souvent la première place dans les salons, devant un auditoire éclairé.

Toutes trois étaient riches : la duchesse, par droit de naissance ; la bourgeoise, par le talent et l'habileté de son père ; la cantatrice, par son propre travail et son propre talent.

Toutes trois étaient libres : la duchesse, jeune veuve de trente-cinq ans ; la bourgeoise, vieille fille de vingt-cinq ; la cantatrice, sans mari connu et sans âge déclaré ; mais, à la voir entre les deux autres, plus animée que la duchesse et moins fraîche que Constance Verrier, on pouvait juger qu'elle tenait le milieu entre leurs âges par la trentaine.

Toutes trois étaient charmantes : madame d'Évereux, blonde, assez grande, un peu grasse et d'un type des plus nobles avec une expression de bienveillance enjouée qui tempérait la fierté des lignes. Constance, la plus vraiment belle des trois, n'avait ni l'opulente élégance de la duchesse, ni la diaphanéité poétique de l'artiste; mais elle était admirable de la tête aux pieds : cheveux bruns abondants, yeux et sourcils magnifiques, traits réguliers et d'un dessin achevé, teint pur et d'un coloris de santé morale et physique indubitable ; extrémités mignonnes avec une taille moyenne, de la grâce sans manières, du charme sans coquetterie, un ensemble presque divin, un type dont on cherchait les origines plus haut que celles de la duchesse, car il fallait remonter à quelque céleste influence pour les expliquer.

Sofia Mozzelli était moins belle que Constance et moins imposante que madame d'Évereux; mais elle plaisait plus énergiquement. Sa pâleur brune et son œil intelligent et passionné faisaient oublier un peu d'épaisseur dans les lèvres et un peu d'exiguïté dans les formes. Elle était petite et d'une apparence fatiguée. Sa grâce, un peu développée par l'art et le travail, avait l'air de n'appartenir qu'à la nature. Sa voix n'était pas de la première fraîcheur, mais elle avait des accents d'amour ou de douleur qui arrachaient des larmes.

Ces trois femmes avaient beaucoup d'intelligence : la cantatrice pour l'art, la duchesse pour le monde, la bourgeoise pour le monde et pour l'art.

Toutes trois avaient une existence mystérieuse ou

problématique. La duchesse avait beaucoup d'amis ; on disait tout bas des amants, mais sans qu'on pût rien affirmer et prouver contre elle. On pouvait prouver davantage contre la Mozzelli, mais on s'accordait à dire qu'elle s'était beaucoup rangée et que d'ailleurs jamais ses sentiments n'avaient spéculé.

Quant à mademoiselle Verrier, on savait qu'elle était irréprochable, et cependant quelques esprits malveillants cherchaient à découvrir en elle une faute, une passion ou un travers, pour expliquer comment une personne riche, belle, aimable et bien posée dans le monde avait refusé tous les partis et tenait toutes les prétentions à distance.

Elle vivait très-retirée, avec une tante de soixante ans. Dès le printemps, elle disparaissait pour s'enfermer à la campagne jusqu'aux premiers jours de l'hiver. Elle allait peu dans le monde, et choisissait son milieu, en personne posée que rien n'entraîne.

Ce fut un étonnement pour quelques juges rigides de la voir apparaître, dans l'hiver de 1846, chez madame Ortolani, où, malgré le bon ton et les belles relations de celle-ci, on ne se piquait ni d'intolérance ni de roideur. C'était comme un terrain neutre où personne ne compromettait personne, et où l'aristocratie ne se scandalisait pas de voir de trop près des penseurs et des artistes sur le pied de l'égalité. Des mères y menaient leurs filles ; mais Constance, n'ayant pas de mère, eût semblé devoir y regarder de plus près. Elle répondit à ceux qui l'interrogèrent que M. Ortolani avait rendu un grand service à quelqu'un de sa famille, et que madame Ortolani ayant beaucoup insisté pour la voir venir chez elle, elle-même aurait cru montrer de l'ingratitude en s'y refusant. Elle ajouta qu'elle ne voyait rien que de bon autour de cette aimable femme, et toute cette explication était la vérité.

La Mozzelli était venue là pour se faire entendre. Mademoiselle Ortolani l'aimait beaucoup; elle plut énormément dans ce petit monde choisi, elle s'y plut elle-même et y revint souvent. Comme elle n'avait pas encore d'engagement à Paris et que la duchesse, touchée de son beau talent, employait son influence (étendue à plusieurs sphères diverses) à lui en faire contracter un convenable aux Italiens, elle se trouva, vite et naturellement, en rapports de gratitude avec cette noble dame, et elle chanta plusieurs fois chez elle dans l'intimité. Elle y chanta même devant elle seule, et pour lui donner une heure de plaisir sérieux et profond. Madame d'Évereux, sans être artiste elle-même, aimait la musique et s'y connaissait.

Ce fut le hasard qui rapprocha Constance des deux premières. Un soir que l'on chantait au piano chez madame Ortolani, l'accompagnateur se trouva tout à coup malade, et mademoiselle Verrier prit sa place sans réflexion, sans hésitation, en bonne personne qui n'a aucune préoccupation d'elle-même et qui possède un grand fonds de dévouement pour les autres. Accompagner sans répétition préalable avec les chanteurs est un tour de force. La Mozzelli fronça son noir sourcil, et le vieux Lélio, qui chantait avec elle, lui dit en italien à l'oreille : « Il va falloir crier pour couvrir la déroute. » Mais Constance, qui avait entendu souvent l'un et l'autre, les accompagna en maître, les soutint, les devina et les fit si bien valoir qu'en finissant, l'étourdie et sincère Italienne la remercia par une poignée de main et un baiser tendre et respectueux sur ses bracelets. Constance ne s'effaroucha point de cet hommage mêlé de familiarité; elle sourit, serra la main de la cantatrice, et alla se rasseoir entre sa tante et la duchesse. C'était une place qu'un second hasard lui avait assignée.

Naturellement, la Mozzelli vint recevoir les éloges de sa protectrice, et elle voulut en reporter la moitié sur mademoiselle Verrier. La duchesse loua le talent de la bourgeoise, et rendit délicatement justice à la bonne grâce simple et touchante de son premier mouvement.

— Oh! le premier mouvement! s'écria la Mozzelli, il n'y a que cela de bon au monde!

— Trouvez-vous? dit la duchesse à Constance, avec un sourire de déférence aimable.

Je ne sais ce que répondit mademoiselle Verrier, mais la conversation s'engagea entre elles trois. Après le thé, quand les rangs se furent éclaircis, elles se plurent à la renouer, et la maîtresse de la maison y mêla sa grâce conciliante et son aimable enjouement. Elles se rencontrèrent en visite chez madame Ortolani peu de jours après; puis le lundi suivant, en grande réunion, et ensuite fréquemment durant tout l'hiver, trouvant toujours du plaisir à se lier davantage. Constance accompagna souvent Sofia, et même elle consentit à faire une partie dans les morceaux d'ensemble. Elle avait une très-belle voix, toujours juste et sûre, et chantait sans regarder personne autour d'elle, les yeux sur son cahier, calme, dans une sorte de recueillement religieux. Madame Ortolani raffolait de cette obligeante et affable nature, qui inspirait à la fois la confiance et le respect. La Mozzelli en était enthousiasmée, et la duchesse regardait en philosophe bienveillant le contraste de ces deux types opposés, qui trouvaient dans l'amour de l'art un point de contact inattendu. La duchesse était une personne discrète et sans effusion, mais naturellement bonne, rarement jalouse des autres femmes, d'intelligence curieuse et chercheuse, étudiant avec calme le cœur humain autour d'elle. C'était là son goût et sa principale occupation; quand elle rentrait chez elle, elle écrivait ce qui l'avait frappée et tâchait de résoudre, par le raisonnement, les problèmes qui avaient posé devant elle. Elle avait le style coulant, incorrect et souvent un peu vague des femmes d'esprit de l'ancien monde; mais c'était gracieux, facile, souvent agréable, parfois incisif, généralement bienveillant et impartial. Elle jugeait bien tout ce qui n'était point la passion. Là, sa pénétration s'arrêtait, sa logique se trouvant tout à fait déroutée.

Un matin, vers la fin de l'hiver, la duchesse vint

rendre une visite d'adieu à madame Ortolani. Elle allait passer quelques mois en Angleterre, où la crainte d'une révolution en France lui avait fait placer une partie de sa fortune.

Madame Ortolani était sortie, mais elle devait rentrer dans un quart d'heure, et son petit salon était ouvert. La Mozzelli, qui l'attendait, fredonnait devant le piano. La duchesse s'assit devant le feu, et la cantatrice vint l'y rejoindre.

— Eh bien! ma chère petite, lui dit madame d'Évereux, j'ai échoué tout à fait pour votre engagement à Paris, mais je vous sais engagée à Londres, et je me réjouis d'y aller, puisque je vous entendrai enfin sur la scène.

— Vous allez à Londres, madame la duchesse? s'écria Sofia avec effusion. Oh! en ce cas, je n'ai aucun regret de quitter Paris!

— Ne nous dissimulons pas l'une à l'autre, reprit la duchesse, que, toutes deux, nous regretterons là cette charmante maison Ortolani, unique peut-être à Paris, et sans aucun analogue, que je sache, en Angleterre. Je m'étais habituée à cette liberté de l'âme qu'on respire dans ces petits salons, et une des personnes que je regretterai le plus, — en cela, je suis d'accord avec vous, j'en suis sûre, — c'est la belle et bonne Constance Verrier.

— La *Costanza!* dit la cantatrice en soupirant, c'est comme un ange qui aura passé dans ma vie! Je ne sais pas pourquoi je pense à elle à toute heure, comme si ma destinée était dans ses mains. Vous qui savez tout, ma grande duchesse, est-ce que vous pourriez m'expliquer cela?

— C'est très-facile, répondit la duchesse : les extrêmes se cherchent.

— C'est vrai, mais pourquoi?

— Pourquoi? vous le demandez? Parce que tous et toutes nous aspirons à compléter notre vie morale et intellectuelle par les dons et priviléges naturels qui nous manquent. De même qu'un avare aime beaucoup à vivre aux dépens d'un prodigue, et que, par contre, le prodigue sent souvent le besoin de faire intervenir l'influence d'un avare dans les embarras qu'il s'est créés, de même un homme violent et impétueux éprouve comme un repos réparateur dans la société d'un être doux et tranquille; de même aussi une femme éprouvée et déçue par la passion aspire à la suave mansuétude d'une âme que les passions n'ont jamais troublée.

— Eh bien! vous avez raison. Je comprends cela. Mademoiselle Verrier est pour moi un idéal d'innocence, de vertu, de raison et de simplicité. Je voudrais être elle!

— Sans pourtant cesser d'être vous? dit mademoiselle Verrier en entrant dans le salon.

En se débarrassant de ses fourrures auprès de la porte, elle avait entendu les dernières paroles de la Mozzelli.

— Oh! je vous demande pardon, répliqua celle-ci;

je voudrais bien cesser d'être moi! Je ne m'aime pas; je m'ennuie, je m'irrite, je me connais trop. J'ai besoin d'admirer, de vénérer, de prier quelqu'un, et je ne m'accorde à moi-même qu'un peu d'estime et beaucoup de pitié.

— La singulière créature! dit la duchesse en s'adressant à Constance. On dirait qu'elle est humble pour tout de bon; et, cependant, elle n'est pas toujours modeste, je le sais!

— Elle a l'orgueil de l'artiste, c'est son droit, répondit mademoiselle Verrier en souriant à la cantatrice, mais elle a l'humilité chrétienne très-avant dans le cœur, je vous en réponds.

— Vous croyez donc la bien connaître? reprit la duchesse. Eh bien! vous seriez plus avancée que moi, qui ne la comprends pas du tout.

— Et moi, est-ce que vous me comprenez? dit Constance avec ingénuité.

— Vous! ma chère! s'écria la duchesse, oh! très-bien! c'est si différent!

— Définissez-moi en deux mots : je serais bien aise de me connaître.

— Sage pour cause de froideur : voilà!

— C'est possible, répondit mademoiselle Verrier avec une modeste insouciance; mais le mot lui sembla risqué, car elle rougit.

— Entendons-nous, reprit madame d'Évereux, qui s'en aperçut. Je ne soulève jamais les voiles de la pudeur; j'en ai moi-même, malgré mes trente ans

passés; je parle toujours des choses du cœur et de
l'esprit. Vous n'aimez, vous n'admirez aucun homme;
vous n'avez pas besoin d'affections vives, et c'est pour
cela que vous êtes si charmante et si aimable; c'est
pour cela que vous avez toujours l'esprit présent, les
manières bienveillantes, l'âme ouverte à la tolérance
ou à la compassion. Il n'y a rien de maussade comme
une personne passionnée qui n'est jamais avec vous,
ou qui veut vous forcer à monter avec elle sur le dada
quinteux de son imagination.

— En ce cas-là, madame la duchesse, répondit
Constance d'un ton naïf et sérieux, vous êtes sage
aussi pour cause de froideur, car, à quelque moment
que l'on vous rencontre, on vous trouve toujours parfaitement aimable.

## II

— Et à ce compte-là, s'écria la cantatrice un peu
piquée, je suis parfaitement maussade, moi qui suis
toujours distraite par mon imagination, ou fatigante
par ma fantaisie d'emporter les autres sur le même
dada.

— Vous, Sofia, répondit la duchesse avec bonté,
vous avez le droit d'être ainsi, parce que votre dada a
les ailes du génie. On n'est jamais fâchée, quelque
poltronne qu'on soit, de vous suivre dans la nuée. Je
n'ai médit que des sottes ou des bêtes qui ne sont pas

ici. Mais à propos... non! pas à propos! c'est la langue qui me fourche. Où est donc votre tante, mademoiselle Verrier? et à quelle prodigieuse circonstance doit-on le bonheur de pouvoir vous dire trois paroles sans être contrôlée par la *sœur Écoute?*

— Ma tante n'a pas d'esprit, je le sais, répondit Constance sans se fâcher. Elle comprend peu ce qui se dit. C'est un enfant tranquille et bon, d'un cœur si dévoué et d'un caractère si égal que je ne m'ennuie jamais d'elle, et que quelque chose me manque quand elle n'est pas là. Elle a été voir une vieille amie ici près, elle va arriver dans cinq minutes.

— En ce cas, dépêchons-nous de dire du mal d'elle, dit la Mozzelli en riant Convenez, chère Constance, que cette bonne tante,—je l'aime aussi, moi, je vous le déclare,—n'est pas trop contente de me voir liée avec vous.

— Vous vous trompez, répondit mademoiselle Verrier. Toute bourgeoise qu'elle est, elle a un grand respect d'instinct pour les arts et les artistes, depuis qu'on lui a mis dans la tête cette innocente rêverie que j'étais artiste moi-même.

— Vous l'êtes! et grande artiste, encore! s'écria la Mozzelli. Je voudrais avoir votre science sérieuse et votre goût irréprochable. J'apprends tous les jours avec vous! Mais il ne s'agit pas de ça, parlons de la tante. C'est donc à madame la duchesse qu'elle en veut? car je vous jure que, quand elle nous voit causer toutes trois ensemble, elle pince les lèvres et serre les doigts... comme ça.

Ici la Mozzelli fit une ravissante mimique de la vieille mademoiselle Cécile Verrier, contre laquelle ne put tenir le sérieux de la duchesse, et dont Constance rit simplement et sans dépit. Elle aimait sa vieille parente si profondément, qu'elle ne se guindait pas contre de légères et superficielles critiques, et l'on sentait qu'elle pouvait voir ses petits ridicules, sans que son affection en fût contristée ou ébranlée un seul instant.

— Dans tout cela, vous ne répondez pas, lui dit la duchesse. Est-ce que votre chaperon m'a réellement en horreur?

— Non, madame, répondit Constance ; seulement elle vous craint. Elle croit que vous vous moquez d'elle. Se sentant faible pour se défendre, la pauvre fille a volontiers cette angoisse devant les personnes d'un grand esprit, et c'est ce qui la rend plus gauche qu'elle ne l'est réellement.

— Pauvre femme! s'écria la duchesse, il me tarde, à présent, qu'elle arrive ; je veux être plus aimable avec elle que je ne l'ai été. Je veux qu'elle m'aime beaucoup, afin qu'elle ne vous détourne pas de m'aimer un peu.

En effet, quand mademoiselle Cécile Verrier arriva, madame d'Évereux tint sa promesse. Constance lui en sut gré et l'en aima davantage. Madame Ortolani rentra, et la conversation, d'abord générale, revint insensiblement au sujet qui avait préoccupé les trois amies, à savoir, une sorte d'examen réciproque des idées et des goûts de chacune par les deux autres. Madame Ortolani s'en mêla avec esprit et bonne grâce, trouvant là l'occasion de faire l'éloge de toutes trois. La Mozzelli se livra avec sa vivacité et sa franchise accoutumées. La duchesse, qui ne se livrait jamais, eut l'air de pouvoir se livrer impunément, n'ayant, selon elle, rien à dire d'elle-même qui ne fût connu de tout le monde. Constance seule se tint franchement sur la réserve et prétendit qu'elle ne se connaissait pas assez, ou qu'elle n'avait pas assez réfléchi, pour combattre ou soutenir des théories quelconques. La duchesse sentit que Constance avait des idées plus arrêtées qu'elle ne voulait le laisser voir. Elle éprouva une ardente curiosité de pénétrer l'énigme de cette belle âme ; mais si elle pouvait espérer, grâce au prestige de son esprit, y parvenir un jour, elle devinait bien qu'en présence de madame Ortolani, qu'elle ne connaissait pas assez, et peut-être en présence de sa tante, qui ne la comprenait pas du tout, Constance n'aurait pas un moment de véritable abandon.

En femme désœuvrée qui se croit sérieusement occupée de l'étude des autres, la duchesse résolut de ne pas quitter Paris sans avoir trouvé le moyen de confesser cette mystérieuse ingénue.

Elle y réfléchit quelques instants. Elle eut d'abord envie d'inviter Constance avec la Mozzelli à un dîner intime. Mais elle craignit un refus, et elle était trop fière pour s'y exposer. Il était bien certain que Constance n'irait pas davantage chez la Mozzelli. Elle imagina de s'inviter chez Constance, comptant sur quelque prétexte pour éloigner la tante dans la soirée,

— Ma chère enfant, dit-elle à Constance en descendant l'escalier avec elle, j'ai une fantaisie : c'est de voir votre maison, votre intérieur, vos travaux. Je sais que vous ne recevez que de vieux amis de votre père avec leurs familles patriarcales. Je les effaroucherais, j'en suis sûre. Je connais le monde et toutes les sortes de monde. Il suffit d'un peu trop de falbala que j'étalerai sur un fauteuil, par mégarde, pour rendre soucieuse quelque douairière de la vieille roche ou pour faire baisser les yeux à quelque pudibond magistrat de soixante-dix ans. Je serais gênée moi-même, je ne serais pas *moi*, et mon désir de plaire à vos amis serait critiqué comme une vaine coquetterie. Recevez-moi, un soir, seule avec votre tante : qu'en dites-vous ? est-ce possible ? Ceci ne vous compromettra pas vis-à-vis des vôtres, car je ne compte pas prendre possession de votre vie cénobitique et y rien déranger par la suite. Je pars ! Dieu sait où et quand nous nous reverrons. Mais j'ai pour vous une sympathie véritable. Je suis comme la Mozzelli à cet égard-là, moi ! Je vous contemple comme une exception aux misères et aux chagrins de ce monde. Je voudrais emporter de vous un souvenir complet. Soyez sûre que les femmes ont les unes sur les autres une influence bien plus grande qu'on ne croit, souvent horrible, quelquefois excellente. Vous ne pouvez en avoir qu'une bonne. Ne la refusez pas à qui vous la demande sérieusement et de bonne foi.

Constance ne songea pas à résister à un désir si gracieusement formulé, et, comme la Mozzelli était au bas de l'escalier prête à monter dans sa voiture, elle eut l'idée de la rappeler pour l'engager à venir aussi chez elle ; mais elle hésita.

— Croyez-vous, dit-elle à la duchesse, que je ferais mal de l'inviter? Je l'aime de tout mon cœur, mais...

— Mais sa vie passée ne ressemble guère à la vôtre, répondit madame d'Évereux. Cependant, sa vie actuelle est bonne et mérite encouragement et protection.

— C'est vrai! répondit Constance avec vivacité. Je l'inviterai! — Et elle courut après la cantatrice pour lui faire part du projet de la duchesse. Il s'agissait de se réunir vers cinq heures pour voir la maison et les objets d'art, de dîner à six, de faire un peu de musique et de causerie, et de se séparer à dix heures, le tout sans figures étrangères et gênantes. Les demoiselles Verrier se diraient à la campagne.

On prit jour, et on se sépara. La bonne Mozzelli était fort touchée de cette invitation. Elle n'eût pas osé, sans y être autorisée, se présenter chez une personne aussi rigide que Constance, et elle comprenait tout ce qu'il y avait de délicatesse et de bonté dans sa démarche.

Quant à la duchesse, elle trouvait fort bon que la Sofia fût en tiers dans la conversation. Elle comptait sur la spontanéité de cette tête vive pour poser à Constance des questions plus hardies qu'elle n'eût pu se les permettre elle-même.

Le surlendemain arrivé, elle prit une voiture de remise et se rendit, *incognito,* au fond du faubourg Saint-Germain, où Constance habitait une de ces vieilles, grandes et belles maisons comme on n'en fait plus. Cette maison était louée entièrement, sauf un vaste pavillon occupé par elle au fond du jardin. C'était une demeure tranquille et retirée, un peu sombre et d'aspect sévère. De beaux vieux meubles et de bons tableaux d'anciens maîtres en faisaient le principal luxe. Constance n'avait rien changé à l'arrangement et à l'ornementation créés par son père. Tout y était d'un goût pur; aucun colifichet, un confortable réel, rien qui annonçât les voluptés de l'indolence.

La duchesse apportait sa loge à l'Opéra, et la mettait, ainsi que sa voiture, à la disposition de la vieille mademoiselle Verrier. Mais ce moyen de l'écarter fut un luxe superflu; la douairière avait été soigner sa vieille amie malade : elle ne devait rentrer qu'à minuit.

La Mozzelli arriva bientôt. Constance ne voulait pas condamner ses amies à subir l'exhibition de son modeste intérieur. Elle prenait en bonne part l'espèce de religion exaltée avec laquelle la cantatrice pénétrait dans ce qu'elle appelait un sanctuaire; mais elle était un peu gênée par la curiosité toute féminine de madame d'Évereux. Quelque art que celle-ci mît à la dissimuler, Constance, qui était pénétrante par instinct autant qu'elle était confiante par loyauté, se sentait vaguement sous un regard moins tendrement croyant que celui de la Sofia.

Madame d'Évereux voulut tout voir, le choix des peintures et les sujets placés dans le meilleur jour, qu'elle supposait être les sujets favoris, des indices, par conséquent, d'une préoccupation secrète ou affectée; la chambre à coucher, dont elle remarqua la proximité avec celle de la tante et la simplicité austère; le cabinet de travail, le salon de musique, les fleurs du jardin, la disposition des allées et le mur de clôture. Ayant tout regardé et commenté intérieurement, elle se crut sûre de son fait et revint à sa tranquillité naturelle.

La salle à manger était fort belle, mais très-ombragée par le voisinage des grands tilleuls du jardin. En plein printemps, on y dînait aux lumières. Les trois femmes furent servies avec luxe et friandise. La duchesse remarqua pourtant que son hôtesse mangeait d'un bon appétit, mais sans aucune sensualité.

La duchesse aimait les épices, les excitants de la circulation, et la Mozzelli les spiritueux, les excitants de l'imagination. Le dîner fut très-gai. La cantatrice ne mit point d'eau dans le vin de Champagne frappé, et se désespéra de n'être pas du tout grise. La duchesse lui reprocha aussi de ne pas déraisonner un peu.

— J'espérais, lui dit-elle, que nous vous verrions étincelante d'esprit, et vous n'êtes que sentimentale, comme à votre habitude. Ce n'est pas la peine de nous prêter à une *orgie*, nous qui n'en avons pas les facultés, si vous ne nous ouvrez pas les chemins bleus où conduit l'hippogriffe.

— Vous me feriez avaler les vins les plus fantastiques, répondit l'artiste en riant, que je ne trouverais aucun dragon pour me carrosser dans les espaces. J'aurais pourtant voulu être en verve, parce que, quand j'ai beaucoup ri follement, je deviens ensuite tout d'un coup très-sombre, et que dans ces moments-là j'ai de l'inspiration; je chante bien, ou je dis des choses très-profondes. J'aurais voulu vous faire pleurer, ce soir, avec le récitatif de donna Anna; mais il n'y aura pas moyen, voyez-vous! la présence de la Costanza me paralyse. Je me sens recueillie, attendrie, et, dans cette disposition-là, on ne sent aucun besoin de poser.

— De poser? dit la duchesse étonnée. Ah çà! vous moquez-vous donc des autres, quand vous êtes éloquente?

— Je ne me moque pas, puisque je me prends au sérieux! seulement, je me pose, je le sens quand j'ai fini. Je donne mon âme en spectacle, je joue un rôle, je sens que je le joue bien, et l'intérêt que j'inspire réagit sur moi au point que je m'intéresse moi-même. Mais, hélas! c'est une ivresse qui passe vite : je me retrouve vis-à-vis de moi, toute désenchantée du véritable personnage que je suis, et profondément humiliée de n'être pas celui que je voudrais être.

— Convenez, dit la duchesse à mademoiselle Verrier, qu'elle a une sincérité ravissante, et qu'avec elle, on ne peut se scandaliser de rien.

— C'est pour cette sincérité que je l'aime, répondit Constance.

— Seulement, dit la duchesse, elle a quelque chose de désespérant. C'est que, plus elle est franche, moins on la comprend. C'est le contraire de vous, qui ne vous livrez pas et que l'on pénètre à première vue.

— A première vue? reprit Constance avec un peu de malice, je croyais que vous y aviez regardé à deux fois, ici, avant d'être bien fixée sur mon compte.

— Que voulez-vous? le calme, à votre âge, est chose si rare et si extraordinaire! Mais je suis bien fixée maintenant : sage comme les sages de la Grèce!...

— Pour cause de froideur dans les sentiments? répliqua Constance avec un sourire de résignation un peu ironique.

— Oh! oui-da! vous protestez intérieurement? s'écria la duchesse à qui rien n'échappait.

— Non, non, je ne proteste pas! répondit Constance.

Et elle espéra changer de conversation en changeant de place. Elle emmena ses compagnes prendre le café au salon.

Mais quand même la duchesse n'eût pas senti sa curiosité et sa méfiance se réveiller, de quoi parlent et de quoi peuvent parler trois femmes réunies? Belles ou laides, jeunes ou vieilles, riches ou pauvres, il faut toujours qu'à propos de soi-même ou des autres, ouvertement ou à mots couverts, comme c'était ici le cas, il soit question d'amour.

La Mozzelli, à qui toutes ces réticences portaient sur les nerfs, rompit la glace la première, et, comme madame d'Évereux lui demandait de quoi elles allaient s'entretenir pour ne pas tomber dans la prose :

— Disons du mal des hommes ! s'écria-t-elle avec impétuosité. Sur ce chapitre-là, nous serons compétentes toutes trois, puisque toutes trois nous ne voulons pas rentrer ou tomber sous le joug de l'amour et du mariage.

— Comment voulez-vous, dit la duchesse, que Constance dise du mal des hommes, puisqu'elle ne les connaît pas ?

— Son instinct les lui fait craindre, au moins ! N'est-ce pas, chère sainte enfant, que vous en avez la plus mauvaise opinion ?

— Non, répondit Constance en riant, je suis un vieux philosophe, moi ! J'explique et j'excuse.

— Elle se moque de moi, pensa la duchesse, mais nous verrons bien ! Et, s'adressant à la cantatrice, dont l'abandon servait ses desseins : Voyons, lui dit-elle, voilà un beau sujet de discussion entre vous deux ! Vous condamnez tous les hommes, Constance les justifie. Moi j'écoute et je suis le juge.

— Je n'accepte pas un juge prévenu, répliqua la Mozzelli. Vous avez déjà décerné le prix de raison et de vertu à Constance : vous allez être contre moi !

— Ça va sans dire, reprit la duchesse, car vous

2.

m'avez calomniée en me supposant irritée contre la plus noble moitié du genre humain ; mais c'est une raison de plus pour vous de bien plaider votre cause et de vouloir entraîner l'aréopage. Parlez, que reprochez-vous tant aux hommes?

— L'égoïsme! répondit la Mozzelli avec feu : ces êtres-là nous aiment si mal qu'ils ne nous tiennent aucun compte de notre dévouement. C'est un hommage légitime qu'ils acceptent, et encore croient-ils faire beaucoup en ne le repoussant pas comme une idolâtrie indiscrète et importune !

— Où avez-vous vu ça? dit la duchesse, dans votre expérience ?

— Oui, dans ma vie. Voulez-vous que je vous la raconte ?

— Non, dit Constance.

— Pourquoi? Vous craignez que je ne sois pas convenable ?

— Vous le serez, dit la duchesse, parlez !

Constance baissa les yeux, regrettant, mais trop tard, d'avoir écouté son bon cœur en invitant ces deux femmes. Elle prit cependant son parti avec esprit : assise près du piano, elle improvisa sur le clavier un récitatif dramatique, après quoi elle dit à la cantatrice :

— Es-ce que vous ne pourriez pas nous la chanter, votre histoire ?

— Non, pas en sortant de table, répondit la Sofia ; mais vous pouvez me soutenir d'une basse continue, ça m'aidera à commencer.

— Et je vous avertis, ajouta Constance, que si vous en dites plus qu'il ne faut, je ferai un vacarme qui me dispensera d'entendre.

— Soit! reprit la Mozzelli. J'aime mieux que vous me disiez ça. Je n'aurai pas besoin de tant m'observer.

## III

### HISTOIRE DE LA SOFIA MOZZELL

« Je suis née dans l'État de Modène, un petit pays superbe, opprimé par un petit despote fort méchant. Mon père était une manière de sculpteur, comme la plupart des tailleurs de marbre un peu adroits qui exploitent les carrières de Massa-Carrara. Ces braves gens savent imiter divers modèles anciens et modernes. Établissant des maisonnettes aux environs et même sur les flancs de la montagne, ils ont des ateliers en plein vent, où s'arrêtent volontiers les voyageurs, lesquels leur achètent des Cupidons ou des Enfants Jésus, des Flores ou des Madones, les uns croyant avoir à vil prix quelque chose de passable ; les autres, ne songeant qu'à emporter un échantillon travaillé de notre beau marbre blanc, en souvenir de leur promenade.

« Vous pensez bien que mon père était fort pauvre. Moi, j'étais une espèce de montagnarde aux pieds nus. Mes frères portaient des souliers.

« Ceci est un trait caractérisque qui commence bien la série de mes griefs contre le sexe masculin. Dans tout l'État de Modène, des frontières de la Toscane à celles du Piémont, les femmes du peuple et même les petites bourgeoises ne connaissent ni bas ni souliers. Et pourtant, le pays est âpre, les sentiers pierreux, et les hautes montagnes attirent des pluies torrentielles. Si jamais chaussure fût nécessaire à de pauvres petits pieds féminins, c'est là certainement. Mais on nous dit, dès l'enfance, que c'est beaucoup plus sain de n'en pas avoir; que l'humidité sèche plus vite sur la peau que sur le cuir; que le pied est beaucoup plus sûr dans les endroits dangereux quand il n'est pas emprisonné; enfin, que c'est une économie : toutes raisons excellentes, mais qui se trouvent retournées en sens contraire quand il s'agit des mâles. Pour ceux-ci, l'eau est un élément qui enrhume, les pierres, des objets qui blessent, et les forts souliers ferrés, des préservatifs contre la glissade et les chutes mortelles.

— Bah! dit en riant la duchesse, je ne sais pas de quoi vous vous plaignez! Vous avez, quand même, un pied charmant, et les rhumes ne vous ont pas gâté la voix.

— C'est qu'il y a des grâces d'état, reprit la cantatrice; car les pieds mouillés ne sont pas l'unique privilége des Modenaises. Il faut encore qu'elles trouvent moyen de vivre avec la tête exposée aux pluies, aux brouillards ou aux soleils enragés de la montagne; par la même raison de santé ou d'économie qui les prive de chaussures, on les prive de coiffures aussi. On a seulement daigné condescendre aux besoins impérieux de la coquetterie en leur permettant un chapeau de paille pas beaucoup plus grand qu'une pièce de cent sous, qui se fixe sur le milieu du front ou sur la tempe gauche, au moyen d'un cordon de laine écarlate. Je vous laisse à penser comme cela nous préserve et nous protége! Mais, en revanche, les hommes ont de bons chapeaux de paille ou de feutre à pleins bords.

« Ces rois de la création cultivent peu la terre; ils se contentent d'exploiter le roc et de promener, sur des charrettes, de gigantesques morceaux de sucre qu'ils font passer pour du marbre. Les femmes s'occupent des produits de la campagne; ce sont elles qui en trafiquent: mais, comme les torrents sont énormes, et que la bonne administration du souverain a jugé inutile de faire faire des chaussées et des ponts, chaque jour de marché, on voit, sur les rives de la Magra ou de toute autre rivière, habituellement débordée, les femmes de tout âge retrousser tranquillement leurs jupes, mettre leurs denrées sur leur tête et entrer dans l'eau jusqu'à la ceinture, parfois jusqu'au menton, à leurs risques et périls, et cela sur un parcours d'une heure et demie, car les torrents en prennent à leur aise et occupent souvent un lit d'une lieue de large. Le rivage est souvent plein d'étrangers avertis de cette exhibition, et qui viennent de loin pour assister à la franche et triste nudité de ces pauvres femmes.

— Eh bien! dit la duchesse à Constance, vous ne faites pas gronder la basse?

— Non, répondit Constance; j'écoute et je suis triste! Je trouve qu'il ne faut pas vouloir ignorer les misères et les injustices de ce monde.

— Bien! reprit la Mozzelli; vous y viendrez, à reconnaître que les hommes sont d'atroces créatures! Savez-vous ce qu'ils font, ces riches voyageurs, ces majestueux Anglais et ces Français aimables qui viennent sur la rive de la Magra les jours de marché? Ils regardent les jeunes filles avec des yeux libertins et des paroles indécentes; et, quant aux pauvres vieilles, ils les raillent et rient aux éclats de leur maigreur effrayante. Dans tout cela, il n'y a pas un homme qui nous paierait un jupon de rechange, à moins que... si nous sommes jolies...

— Bien! bien! dit la duchesse sans se déconcerter; c'est là comme ailleurs.

Constance soupira et quitta le piano.

La Mozzelli gardait le silence.

— Eh bien? reprit la duchesse.

— Eh bien, répondit la Mozzelli en se levant et en faisant, pâle et les yeux ardents, quelques pas dans le salon, c'est pour des jupons, pour des souliers, pour des chapeaux que j'ai quitté ma montagne, mon père, et l'honnêteté de ma pauvre vie. Je n'avais pas quinze ans!

Il y eut un nouveau silence que la duchesse interrompit par cette question tranquille :

— Est-ce que réellement vous passiez ainsi la Magra?

— Dès l'âge le plus tendre, répondit Sofia avec une gaieté amère.

— Eh bien, alors, reprit la duchesse, si vous n'aviez pas d'autre moyen de renoncer à cet état de naïade... vous avez manqué à la chasteté pour sauvegarder la pudeur?

La cantatrice était habituée au ton railleur de madame d'Évereux; elle la savait bonne au fond, sous son apparente sécheresse. Elle continua sans se troubler :

« Mon premier *ami* fut un beau peintre barbu et chevelu, que j'aimai à première vue et qui me persuada en peu de paroles. J'étais si enfant que je crus à un amour éternel. Il me disait que j'étais si jolie! et moi, j'avais tant d'expérience et de raison que je n'en demandais pas davantage pour m'imaginer qu'il ne me quitterait jamais pour une moins belle.

« C'est pourtant ce qui arriva. Après m'avoir, pendant deux mois, comblée de petits présents, de bonne chère et de belles promenades en Piémont, il me tint à peu près ce langage : « Ma chère enfant, je suis forcé de te dire adieu. Je suis un fils de famille. J'ai des parents dans le commerce à Marseille, et une cousine fort laide que j'ai promis d'épouser parce qu'elle est très-riche. J'avais seulement demandé à mes parents de me laisser passer un an en Italie pour mon plaisir, avant de me mettre la corde au cou. La somme qu'ils m'ont donnée a été plus que suffisante : j'ai un beau reliquat que je te laisse. Je ne garde absolument que ce qu'il faut pour prendre ce soir le bateau à vapeur. Allons! tu ne vas pas pleurer, j'espère! Tu savais bien que nos amours ne pouvaient pas durer éternellement et que je me marierais un jour! Tu comprends qu'ayant donné ma parole, je ne puis y manquer et tarder davantage.

« — Et que deviendrai-je, moi? lui dis-je en sanglotant.

« — Ça ne me regarde pas, répondit-il. Voilà trois mille francs, et je t'ai donné de la toilette pour trois ans. Tu n'as pas à te plaindre. »

« En effet, j'avais tort de me plaindre. Il faisait bien les choses, et ma chute facile et prompte, résultat d'une confiance aveugle et sotte, ne valait probablement pas tout cet argent-là.

« Mais moi, j'en jugeai autrement. Je ne sais quel orgueil, qui s'éveillait en moi pour la première fois de ma vie, me persuada que mon amour pour ce jeune homme était quelque chose de plus que tout son argent, et que vouloir payer cet amour était une insulte. J'avais gaiement et sans réflexion partagé son bien-être et accepté ses dons; je me croyais sa compagne et son égale. Quand il me parla de salaire, je compris mon opprobre, et, sans ramasser son aumône, je le quittai pour courir du côté de la mer, où je me serais certainement jetée s'il n'eût couru après moi.

« Quand il vit que jamais je n'avais fait aucun calcul, et quand il comprit que je l'avais réellement aimé, il parut m'aimer à son tour, et il me consola en jurant qu'il ne me quitterait pas. Je crus encore en lui et même plus qu'auparavant. Il y a eu un malentendu entre nous, me disais-je. Il s'est imaginé que je ne l'avais suivi que pour être riche. — Et comme j'étais franche, je lui avais confessé imprudemment que, s'il eût été pauvre, je n'aurais pas voulu changer de misère en ajoutant la mienne à la sienne. Mais, en devenant sa compagne, j'avais senti l'amour dans toute sa plénitude, et il n'avait pas compris, lui, que mon cœur était plein du besoin et de la puissance d'aimer. Il m'avait crue cupide et stupide, capable enfin de le quitter pour un peu plus de cadeaux et de luxe. A présent qu'il voyait mon désespoir et mon dédain pour les secours qu'il m'avait offerts, il devait m'aimer autrement.

« Il me jura que je ne me trompais pas, qu'il en était ainsi, qu'il se sentait éperdument amoureux de moi, que toutes ses cousines pouvaient l'attendre et tous ses parents le maudire.

« Nous passâmes encore un mois à nous adorer. Il était beau, il ne manquait pas d'esprit, et son caractère était aimable; à présent que j'ai traversé le monde et vu des hommes de toutes les conditions, je me rends compte de la vulgarité de ses sentiments et de ses manières; mais je n'étais pas capable d'en juger dans ce temps-là, et je l'aimais avec une admiration sans bornes.

« Au bout de cette seconde lune de miel, je reçus de lui, à mon réveil, une petite lettre où il me disait à peu près ceci :

« Ma chère amie, je ne peux pas rester plus long-
« temps avec toi. Je sens que je m'attacherais trop à
« toi et que je ne pourrais plus te quitter. Ce serait
« la perte de mon avenir. J'ai dépensé, ce mois-ci,
« avec toi, mes derniers sous, et mon père, qui ne
« plaisante pas, me coupe les vivres. Mais, aussitôt
« rendu à Marseille, j'emprunterai sur ma dot, et je
« t'enverrai de quoi aviser à ton propre avenir sans
« retomber dans la misère. Tu as une jolie voix et du
« goût pour la musique. Tu devrais apprendre à
« chanter. Ça pourrait te servir un jour. Je te quitte
« la mort dans l'âme, mais je ne veux pas te trom-
« per, et je compte sur ton courage et ton bon sens. »

« Je crus rêver. Je m'habillai, à demi folle; j'interrogeai les gens de l'hôtel, qui, en riant, me montrèrent, à l'horizon, la fumée du bateau à vapeur. Il était parti, et moi je repris machinalement le chemin du rivage.

« J'entrai dans les jardins déserts, et abandonnés à tout venant, du palais Doria. La mer était là ; je n'avais qu'un pas à faire pour en finir.

« Mais la raison m'apparut, la froide raison dans toute sa laideur! Ce jeune homme était dans son droit, dans le vrai, dans le réel. Il ne me devait pas plus qu'il n'avait fait pour moi en me donnant trois mois de bien-être et de plaisirs. Il n'était pas coupable de mes illusions sur l'amour. Il ne pouvait les partager : il avait vingt-cinq ans, il connaissait la vie, il avait des projets, un avenir, une famille. Il eût été insensé de me sacrifier tout cela, à moi, qui ne lui avais sacrifié que mon honneur.

« Ce mot d'honneur, qui errait amèrement sur mes lèvres, me glaça d'épouvante. Il est bien certain que je n'avais pas connu le prix du mien, puisque je l'avais livré sans examen et sans condition. Je me voyais avilie et dégradée sans avoir le droit de rejeter ma faute sur mon séducteur. Mon raisonnement et mon intelligence s'éveillaient dans les larmes, et le désespoir me révélait ma honte. Mon Dieu ! n'eût-il pas mieux valu rester stupide et prendre mon parti de tomber dans l'abjection au jour le jour ? Ce qui est horrible, c'est d'en venir à le comprendre, quand on ne peut pas en effacer la souillure !

« Je n'oublierai jamais les deux ou trois heures que je passai sous les arcades de la terrasse du jardin Doria, à regarder les vagues qui déferlaient à mes pieds. Il y faisait froid, le temps était à la pluie et le vent fouettait mes cheveux dénoués. Chose étrange, je ressentais une sorte de joie sombre en découvrant que j'avais une âme, et que la dure leçon de l'expérience pouvait la modifier, la détruire à jamais ou la relever pour toujours.

« Je cherchais ma volonté, et j'étais tout étonnée de la sentir naître. Mais qu'allait-elle me conseiller et quel usage saurais-je en faire ?

« Retourner chez mon père était impossible, il m'eût tuée. Il n'avait pas cherché à me revoir. Il avait pris chez lui une maîtresse qui ne m'eût pas cédé la place. Je le savais trop pauvre pour m'assister. J'étais persuadée que mon séducteur m'enverrait de l'argent, mais je ne voulais à aucun prix l'accepter, et la première résolution nette qui me vint fut de lui écrire pour lui signifier que je ne voulais rien et que je n'avais besoin de rien. C'est ce que je fis en effet, dès le lendemain.

« Quand j'eus arrêté dans ma tête cet acte de fierté, je me demandai de quoi j'allais vivre. Je n'avais qu'un parti à prendre, c'était de me faire servante, car je ne voulais garder de mon passé que les habits que j'avais sur le corps, jusqu'à ce que je pusse les échanger contre des vêtements conformes à ma véritable position. Tout cet orgueil qui me venait au cœur me donna une grande force et une singulière confiance en Dieu. Bah! m'écriai-je tout d'un coup, en parlant haut sous les voûtes sonores de la terrasse, la madone n'abandonnera pas ici une pauvre fille de quinze ans, qui ne sait pas seulement si elle aura un morceau de pain aujourd'hui!

« Je ne me trompais pas. Je ne devais pas être abandonnée. Seulement, ce n'est pas la madone qui intervient en pareille affaire. La Providence, qui veille sur les jeunes filles, et qui fait qu'une jolie enfant ne reste pas un jour entier sans pain, c'est le vice qui la guette, la suit et l'écoute.

« Or, en me retournant, je vis que quelqu'un m'écoutait. C'était un vieillard à figure vénérable qui s'approcha de moi d'un air paternel. — Il y a longtemps que je vous observe, me dit-il ; il me semblait que vous aviez l'idée d'en finir avec la vie.

« — J'en ai eu la tentation, lui répondis-je avec confiance ; mais, à présent, c'est passé.

« — Et d'ailleurs, reprit-il, je suis là. Je vous en empêcherais. J'ai eu une bonne idée de venir me promener ici, car je vois que vous êtes désespérée, et peut-être viendrai-je à votre secours. Voyons, que vous est-il donc arrivé ? Je vous connais de vue : vous êtes la maîtresse d'un petit artiste français qui vous donne sans doute de la jalousie ?

« — Il est parti, monsieur, il m'abandonne !

« — Fort bien, répondit-il avec un sourire qui me fit paraître tout à coup effrayante sa figure douce et respectable.

« — Comment, fort bien ! m'écriai-je stupéfaite ; mais aussitôt sa physionomie changea et redevint ce qu'elle m'avait semblé d'abord.

« — Je dis *fort bien*, reprit-il, comme je dirais : j'en étais sûr. Ce jeune homme était un franc étourdi, indigne de l'attachement d'une charmante enfant comme vous. Je le savais bien, qu'il vous planterait là un beau matin ! Quand je vous voyais au théâtre, ne chercher votre plaisir que dans ses yeux, et en barque ou en voiture, vous pencher sur lui avec une naïveté d'amour et de confiance adorable, je remarquais son air distrait, son attitude de sultan ennuyé. Ah! voilà le malheur des jeunes filles! Elles croient, elles aiment; on les trompe et on les abandonne!

« Cet homme avait repris un air si bon, que je me laissai aller à causer avec lui : d'abord, j'aimais encore trop mon infidèle pour consentir à le laisser accuser trop sévèrement. Aussi, je me hâtai de le défendre en disant ce qu'il avait voulu, ce qu'il voulait faire pour moi. Et puis, j'éprouvai le besoin impérieux de me relever dans l'estime du premier venu, en exprimant mon dédain pour l'argent et ma résolution de travailler pour vivre. J'eusse mieux fait de me taire, de rentrer à l'hôtel, de vendre une partie de mes toilettes et d'accepter l'argent qui m'arriverait de Marseille. De cette façon, j'aurais pu aviser librement à mon avenir, tandis qu'en affichant mon dénûment volontaire, je me livrais, sans le savoir, à des embûches nouvelles. »

— Et c'est ainsi, dit la duchesse, que les résolutions héroïques sont les pires que l'on puisse prendre.

— C'est égal, dit Constance, quel que soit le résultat, je sais gré à la Sofia d'avoir pris cette résolution-là.

## IV

« Ah! voilà! reprit la Mozzelli, la contradiction est partout, et, quand on voit les aspirations de la conscience si mal secondées par la destinée, on arrive aux doutes les plus amers!

« Le vieillard approuva mon courage; il eut l'air de l'admirer. Il déclara que j'étais un ange et qu'il voulait me servir de père. Je ne lui demandais que de me trouver une place de servante ; il m'offrit autre chose, mais avec tant d'art dans les expressions, que je n'y compris rien du tout, et le suivis, persuadée qu'il allait faire de moi une espèce de gouvernante respectable dans sa maison de campagne.

« Il appela une barque, m'y fit monter avec lui, et me conduisit à deux ou trois lieues de la ville, dans une délicieuse petite baie du côté de Recco : la mer d'un côté, les montagnes de l'autre, et, dans un coin bien abrité et bien vert, une villetta charmante, qui n'était gardée que par une vieille femme laide et un jardinier bossu.

« — Vous serez ici chez vous, me dit-il. J'habite Gênes, et je viens toutes les semaines passer ici la journée. J'aime la solitude et les fleurs. Vous aurez une bonne somme pour la dépense de la maison, que vous réglerez comme vous l'entendrez ; libre à vous de faire des économies. Je vous demande seulement de ne pas sortir sans moi et de ne recevoir personne. Je tiens aux mœurs avant tout.

« J'étais si fatiguée de la surprise foudroyante de la matinée, de mes larmes, de mes réflexions et de la promenade en mer, que je comprenais à peine ce qu'il me disait. Pourtant, lorsqu'il partit en me disant : *A demain !* j'eus encore une espèce de terreur. Mais cela me parut chimérique. Que pouvais-je craindre dans cette maison où il me laissait libre et seule ? Ne serais-je pas à temps d'en sortir si je me sentais menacée de quelque outrage ?

« La vieille femme m'apporta à manger, et je lui demandai le nom de son maître.

« — Vous ne le connaissez donc pas ? répondit-elle ; il s'appelle Antonino.

« En même temps qu'elle me disait ce nom, le nom véritable du personnage me revint tout à coup, car je me souvenais fort bien de l'avoir aperçu quelquefois au théâtre ou à la promenade, et on l'avait nommé devant moi. C'était le comte***, un homme marié, un père de famille, fort estimé et fort riche.

« — Pourquoi me trompez-vous ? dis-je ingénument à la vieille ; je sais qui il est.

« — Je ne vous trompe pas, répondit-elle sans se déconcerter. Il s'appelle Antonino quand il vient ici. C'est un de ses petits noms, et, comme il aime à vivre seul de temps en temps, cette espèce d'incognito le dispense de recevoir des visites. C'est un homme un peu bizarre, assez mélancolique, mais très-doux et très-bon. Vous serez heureuse chez lui, soyez tranquille ! Le jardinier et moi avons ordre de vous obéir, et nous ne demandons pas mieux, ce qui vous prouve combien nous tenons à contenter notre maître.

« J'étais tout à fait rassurée. Je m'endormis jusqu'au matin.

« En m'éveillant dans cette chambre d'un luxe extraordinaire, la réflexion me revint : je fus surprise et inquiète. Probablement la vieille avait fait quelque bévue, et ce n'était pas là que je devais loger. Je me vai, je m'assurai que ce n'était pas la chambre du aître de la maison, j'examinai les appartements, le mobilier et le jardin. Tout était petit et magnifique : une vue délicieuse, des bosquets de cistes et de citronniers en fleurs, un isolement complet, quelque chose de splendide et de mystérieux à la fois.

« Je n'avais jamais rien vu d'aussi beau à ma disposition, et je n'avais pas eu l'idée d'un tel bien-être. Il me venait des pensées de bonheur et d'innocence. La solitude ne m'effrayait pas. Si, avec tout cela, me disais-je, je pouvais apprendre à chanter, car il me semble qu'ici j'aurai bien du temps de reste, rien ne me manquerait au monde, et je ne regretterais pas l'amour, qui n'est qu'un mensonge et une déception.

« Je me disais cela à ma manière, car je n'avais aucune culture d'esprit, et tout chez moi était instinct vague. Je savais lire et écrire incorrectement. Je parlais mal l'italien, n'ayant parlé que le patois dans ma montagne. Toute mon éducation s'était faite depuis trois mois en écorchant le français avec mon amant, et en fréquentant le théâtre, que j'adorais. J'avais une mémoire musicale extraordinaire, et quand je rentrais, je chantais en riant toutes les parties de l'opéra, musique et paroles. Ma voix, qui était fraîche et souple, me transportait dans un monde de rêveries où je ne distinguais rien de net, mais où je me plaisais tant, que mon compagnon s'en impatientait et m'en arrachait par des reproches et des moqueries.

« Ici, pensai-je, je pourrai chanter à mon aise, les jours où le patron n'y sera pas ; et, sur l'heure, je me mis à essayer ma voix dans le salon, cherchant à m'accompagner, d'un doigt, sur les touches du piano, et me faisant souffrir moi-même quand je ne rencontrais pas la note qu'il me fallait, mais chantant quand même, à tue-tête, mal ou bien ! A présent que je sais ce que c'est que chanter, je ne me fais aucune idée de ce que mon cri d'oiseau pouvait être dans ce temps-là.

« Je m'arrêtai toute confuse en voyant entrer le patron. Vous avez une voix superbe et une individualité musicale, me dit-il ; mais vous ne savez rien. Voulez-vous apprendre ?

« — Qui m'enseignera ? Je n'ai pas le moyen...

« — Vous aurez un excellent professeur ; je m'en charge. Sachez, ma chère enfant, que je ne prétends pas faire de vous une servante, mais une fille adoptive. Vous m'intéressez, et j'aime à faire le bien.

« Et, comme j'hésitais à accepter : — Qu'est-ce que vous avez donc? reprit-il ; de la méfiance? C'est mal ! Je vous croyais plus naïve. Mais je vois ce que c'est ; dans la compagnie d'un séducteur sans âme et sans principes, vous avez appris le doute. Guérissez-vous de cette maladie qui flétrit la jeunesse et qui m'offenserait. Je suis un homme sérieux, moi, et mon amitié pour vous a le désintéressement qui convient à mon âge et à ma raison.

« Il avait l'air si vrai que je lui demandai pardon de ma méfiance et le remerciai avec effusion. Il causa longtemps avec moi, me faisant subir une sorte d'examen de conscience, voulant connaître toute ma vie, mon caractère, mes idées, mes goûts, mes principes même. Il s'étonna de me trouver si inculte et, en même temps, il parut frappé de mon bon naturel, et approuva beaucoup la lettre que j'écrivis à mon infidèle, sous ses yeux, et qu'il se chargea de faire partir, ainsi que tous les chiffons et bijoux que j'avais laissés à l'hôtel, et dont je ne voulus rien garder.

« Il me quitta de bonne heure, et je ne le revis pas de la semaine ; mais il m'envoya des étoffes à choisir, du linge et des ouvrières pour me faire un trousseau. Bien que j'eusse carte blanche, je ne voulus prendre que les choses les plus simples, et me bornai au strict nécessaire d'une tenue de petite bourgeoise à la campagne. J'avais pourtant le goût de la parure, et cette discrétion me coûta beaucoup.

« Ce qui m'en consola fut de voir arriver un professeur de langues italienne et française et un maître de musique ; tous deux âgés et graves, qui me traitèrent comme une demoiselle de bonne maison et mirent tous leurs soins à m'instruire. Je me jetai dans le travail avec une ardeur fébrile, et je fis, en six mois, des progrès que d'autres ne font pas en six ans. J'y portais de l'orgueil, un orgueil de la conscience et du cœur, voulant alléger les sacrifices de mon bienfaiteur et lui en montrer ma reconnaissance.

« Il venait toutes les semaines passer la journée avec moi. Il arrivait de très-bonne heure, s'informait de mes études, examinait mes cahiers, écoutait mon chant, me donnait des avis très-éclairés et me choisissait mes lectures, m'apportant lui-même des livres à ma portée et me faisant lui rendre compte de ceux qu'il m'avait confiés la semaine précédente.

« Après cet examen paternel, il me faisait marcher pour ma santé et pour la sienne, disait-il. Je lui avais promis de ne jamais sortir de l'enclos qu'avec lui, et je lui tenais parole. C'est pour cela qu'il me faisait faire une promenade de deux ou trois heures, à pied, dans une immense prairie ondulée qui lui appartenait et qui entourait le parc. Sa causerie était charmante, élevée, instructive, aimable et persuasive, au point que je peux bien dire n'avoir jamais retrouvé un ami aussi distingué et aussi parfait. Ses manières et son langage étaient d'une chasteté exquise. Jamais un mot, jamais une idée qui pussent justifier les appréhensions vagues que j'avais conçues le premier jour. J'avais en lui désormais une confiance absolue, aveugle. Je m'appuyais sur son bras comme si j'eusse été sa propre fille, et je baisais ses mains blanches avec religion. Il souriait doucement, sa belle figure fine et aristocratique avait une expression de sérénité incroyable. Quand il arrivait et quand il me quittait, il me donnait un baiser au front, et jamais je ne voyais reparaître sur son visage l'étrange sourire qui m'avait effrayée, par instants, à notre première rencontre.

« Après la promenade, il prenait avec moi son repas du soir, s'enfermait ensuite dans son cabinet pour travailler à une espèce d'ouvrage scientifique qu'il refusait de me faire lire, disant que j'étais trop jeune, et il partait avant mon réveil du lendemain.

« J'étais parfaitement heureuse, et, chose horrible à dire, jamais je ne me suis retrouvée dans les conditions d'une félicité si pure et si complète. Les premières révélations de mon éducation, bientôt suivies de notions plus étendues, m'ouvraient l'intelligence et le cœur à des joies dont je n'avais pas soupçonné l'existence. Tout m'apparaissait comme dans la riante lumière du matin, tout se déroulait devant moi avec a majestueuse rapidité d'un lever de rideau sur une scène splendide. Chaque jour, chaque instant était une initiation. La littérature et la musique m'ouvraient des perspectives radieuses où je m'élançais comme un enfant conduit par un bon génie dans un jardin magique.

« En même temps que mon esprit ouvrait ses ailes, mon cœur, ma raison, ma conscience, oserai-je dire, hélas! ma religion, s'épanouissaient en moi comme les fleurs du ciel sur un sol béni. Je me sentais faite pour aimer le beau et le bien, et, en apprenant à les connaître, j'étais effrayée d'avoir passé à côté des abîmes du désordre et du vice.

« Quelquefois, j'en étais affectée au point de pleurer amèrement la souillure d'une première faute, et de dire à mon bienfaiteur que je ne me la pardonnais plus depuis que j'en comprenais la gravité.

« Mais il me rassurait avec une bonté charmante. —N'y pensez pas, je vous le défends, me disait-il ; oubliez cela comme un mauvais rêve. Dieu pardonne à ceux qui ne savent pas ce qu'ils font. C'est à présent que vous pourriez devenir coupable ; mais il y a six mois vous n'existiez réellement pas. Pardonnez-vous donc aussi à vous-même les malheurs passés. Pour moi, je ne vous en parle jamais, je n'y pense pas, et il me semble que vous êtes aussi pure qu'un petit enfant.

« Ces généreuses consolations me guérissaient par enchantement. Il me semblait qu'elles faisaient rentrer la virginité dans mon cœur. Je m'abandonnais aux joies senties d'une innocence dont je savais maintenant le prix. Aucun désir de changer d'existence, aucun besoin d'amour, aucun souvenir de ma vie agitée et ardente, aucun regret de l'affection brisée. J'avais perdu un amant et j'avais conquis la vertu ! Certes, j'avais gagné au change : et la vertu si facile, si aimable dans des conditions de sécurité si touchantes et si profondes ! J'aimais le comte littéralement comme un ange gardien, comme un être sacré, comme un père !

« Eh bien ! voyez si je n'aurais pas le droit d'être un esprit révolté, un démon, un ange de ténèbres, à l'heure qu'il est ! Tout ce bonheur, toute cette chasteté étaient un effroyable mensonge, une imposture à faire rougir le ciel ! »

— Bah ! vous exagérez ! dit la duchesse. Tout cela

était vrai, et le comte était sincère. Seulement, peu à peu, par la suite, involontairement sans doute, et par la force des choses...

— Oui, oui, reprit la Mozzelli, vous croyez qu'un jour vint, où l'amour surprit les sens du vieillard et où il me fit payer ses bienfaits par d'outrageantes propositions?

— Ou bien, reprit la duchesse, il était habile et vous donnait confiance, voulant vous persuader et non vous surprendre. C'est perfide, mais il y a des perfidies ingénieuses et délicates.

— Vous n'y êtes pas, reprit la cantatrice. C'est pire que tout ce que vous pouvez imaginer. A cause de Constance qui est là, m'écoutant avec ses grands yeux étonnés, je raconterai vite et peu. Vous devinerez.

« Une seule chose troublait mon bonheur. C'était une sensible altération de ma santé. Des migraines d'abord assez bénignes, et peu à peu, de plus en plus douloureuses, me jetaient chaque semaine dans un accablement étrange. J'éprouvais ensuite une fatigue morale et physique que toute ma volonté n'eût pu secouer si je n'eusse pris beaucoup de café noir pour retrouver ma lucidité, car je voulais profiter de mes leçons et apprendre à tout prix, dussé-je en mourir.

« Ces alternatives de langueur et d'excitations fébriles me dévoraient. Jusque-là, je n'avais su ce que c'était que la souffrance ou seulement le malaise. J'attribuais ce dérangement subit à l'émotion imprévue de mes premiers chagrins, et ensuite à l'immense effort que mon cerveau avait été forcé de faire pour passer du néant à la notion d'une connaissance quelconque. Mon vieux ami partageait cette conviction et m'exhortait à modérer mon zèle. Je demandais un médecin ; mais il me détournait de croire aux médecins, se disant plus instruit, plus logique et plus expérimenté que tous ceux du pays. Il s'occupait de chimie et me préparait lui-même des calmants qui m'avaient procuré tout d'abord un sommeil réparateur.

« Mais au bout de quelque temps, ce sommeil léger et agréable s'alourdit et devint si pénible que je refusai de recourir à la potion que la vieille Rita m'apportait tous les soirs. Elle mit alors tant d'insistance à me la faire prendre que je m'en étonnai, et comme j'avais quelque soupçon qu'elle me volait l'argent que me confiait son maître, je crus comprendre qu'elle cherchait à m'endormir pour pénétrer dans ma chambre impunément.

« J'avais l'habitude de m'enfermer au verrou et il me sembla que cette vigilance la contrariait. Soit que je me fusse embrouillée dans mes comptes, — je n'ai jamais pu apprendre à compter, — soit qu'elle eût soustrait réellement quelques pièces d'or pendant que j'étais au jardin, j'avais trouvé un déficit et j'en avais parlé au comte, qui n'avait pas voulu y faire attention. Il se disait sûr de cette vieille, et je n'avais pas cru devoir insister.

« Pourtant je m'inquiétai d'elle en songeant qu'elle pouvait vouloir doubler la dose de narcotique pour satisfaire sa larronnerie aux dépens de ma santé, et je résolus de la mettre à l'épreuve. Comme elle tournait le dos un instant, je fis adroitement disparaitre le breuvage et lui laissai croire que je l'avais avalé.

« Elle comptait sans doute sur un prompt effet, car elle resta dans la chambre à me regarder d'une étrange manière. Je feignis de tomber accablée sur mon lit sans songer à m'enfermer. Je la sentis alors approcher de moi, me passer la lumière devant les yeux, me secouer les mains, remuer les rideaux, et je l'entendis marcher par la chambre, faire rouler les meubles et mener tout le bruit possible pour s'assurer de ma léthargie. Après quoi elle sortit en ricanant et en fermant ma porte derrière elle.

« Je me relevai aussitôt pour tirer les verrous et regarder l'argent que j'avais en caisse et dont, cette fois, je savais bien le compte. Elle ne m'avait rien pris. Elle n'avait touché ni à mes hardes, ni à mes bijoux. Mais alors pourquoi donc avait-elle pris tant de soin d'éprouver la pesanteur de mon sommeil?

« Il me tardait de revoir le comte pour lui faire part de mes vagues frayeurs. Cette vieille avait quelque projet sinistre. Elle paraissait très-liée avec le jardinier, et le comte m'ayant défendu de lui écrire autrement que par l'intermédiaire de ce messager, je n'osais l'appeler à mon secours.

« Décidée à veiller sur ce mystère, je ne me livrai au repos que quand le jour fut venu, et, le lendemain soir, je feignis encore de prendre la potion sans me faire prier, et de m'endormir subitement.

« Cette fois, la vieille sortit sans renouveler ses épreuves de la veille, et, au bout de quelques instants, le plus profond silence régnait dans la maison.

« Je pris un livre afin de me tenir éveillée. Sur le minuit, après m'être enfermée sans faire crier les verrous, j'allais succomber à la fatigue quand j'entendis scier la persienne de ma fenêtre qui donnait au rez-de-chaussée. La peur me rendit muette, mais j'eus la présence d'esprit de me lever et de me jeter dans un petit cabinet de toilette qui recevait le jour de la chambre à coucher par une rosace percée.

« Pendant ce temps, on brisait la vitre de ma fenêtre. C'était quelqu'un qui comptait bien évidemment sur mon sommeil invincible, quelqu'un qui entra dans ma chambre et s'approcha de mon lit dont il écarta brusquement les rideaux : et ce quelqu'un-là, c'était le comte.

« Rassurée aussitôt, je passai à la hâte une robe de chambre et me montrai. Je pensais qu'il avait surpris les mauvais desseins dont j'étais l'objet et qu'il venait à mon secours ; mais lorsqu'il me vit debout et bien éveillée, son trouble le perdit. La vérité m'apparut, et je lui arrachai l'aveu de son infâme tentative. Il avait travaillé peu à peu, sous prétexte de me soigner, à me plonger dans un accablement où je n'aurais plus conscience de rien, et, en se voyant déjoué, il perdait la tête et m'avouait son horrible amour.

« Une explication violente eut lieu entre nous. — Ce n'est pas, lui dis-je, d'avoir joué avec ma santé, peut-être avec ma raison et ma vie, que je vous fais le plus grand crime. Vous avez cru que vos bienfaits vous donnaient des droits sur moi comme sur une chose. Vous avez pensé qu'une souillure de plus n'était rien pour une créature égarée. Eh bien ! tout cela est odieux et atroce! Mais la chose dont je m'indigne le plus, c'est que vous m'ayez fait croire à la vertu, à la bonté, au désintéressement ; car me voilà forcée maintenant de ne croire qu'au mensonge et au vice. C'est que vous m'ayez donné une existence que je croyais angélique, et qui, à présent, soulève mon cœur de dégoût et de colère; c'est que vous m'ayez enseigné la confiance et l'amitié, pour ne me laisser dans l'âme que du mépris et de l'aversion pour vous. »

## V

Constance était muette d'indignation. La duchesse souriait moins gaiement que de coutume : mais sa curiosité l'emportant sur sa pitié :

— Je ne comprends guère, dit-elle, la fantaisie de cet horrible vieillard... au lieu de chercher à se faire aimer de vous...

— Il me confessa lui-même la bizarrerie de son système, répondit la Mozzelli, et même il l'avoua sans trop d'effort, avec plus d'esprit que de repentir. Il était fort éloquent, et rien ne l'embarrassait.

« — J'étais amoureux de vous, me dit-il, dès le temps où je vous rencontrai au bras de votre amant. Votre extrême jeunesse, votre figure d'enfant honnête et bon m'avaient gagné le cœur. Mais, à mon âge, l'amour est plus compliqué que vous ne pensez. Il s'y mêle un instinct de paternité, une adoration pour les grâces de l'innocence. J'avais donc besoin de restituer cette innocence à votre être moral et d'être aimé de vous, non pas comme un protecteur utile, mais comme un ami véritable. J'avais obtenu ce résultat, le reste ne vous regardait pas et n'eût rien enlevé à la pureté de votre âme, à la douceur élevée de nos relations. Vous avez eu tort de vous méfier. Vous avez veillé comme Psyché, et, comme elle, vous avez mis l'Amour en fuite. A présent nos rapports ne peuvent plus être les mêmes, vous recouvrerez la santé, mais vous ne me chérirez plus, je le sens bien. Vous allez peut-être vouloir me quitter...

« — Vous en doutez! m'écriai-je. Quoi! vous n'en n'êtes pas sûr?...

« Je m'arrêtai, frappée de l'expression satanique qui reparaissait sur cette figure blême et fine. L'instinct de la conservation m'éclaira tout à coup, et, soit que ce fût une exagération de mon horreur pour cet homme, soit que mon raisonnement soudain fût logique, je m'avisai du péril où je me livrais si je faisais la moindre menace. Le comte devait craindre mes révélations, et il était peut-être capable de tout. Je feignis donc de croire que notre amitié, épurée par son repentir et ma vigilance, pouvait renaître après cette ignominie.

« Je consentis même à passer un instant pour une créature intéressée qui ne renonçait pas aux avantages de l'éducation et du bien-être. Je le laissai parler et même espérer qu'à force de soins et de bontés, il fermerait cette blessure. Il y eut, je dois l'avouer, quelque chose de grand, à ce moment-là, dans son âme maudite : vous allez voir.

« — Qu'espérez-vous donc de moi ? lui disais-je. Que je pourrais être votre maîtresse sans dégoût et sans avilissement, après que vous m'avez fait comprendre la beauté d'une affection pure ? Eh bien ! cela est impossible : je vous mépriserais !

« — Je le comprends, s'écria-t-il. Aussi je vous remercie et vous bénis de cette sainte colère où vous voilà. Être subi et trompé, c'est la destinée des vieillards, et j'y avais échappé jusqu'à ce jour. Je pourrais y tomber si vous étiez une fille vulgaire. Je vous aime si éperdument que je me contenterais de vos rares moments de pitié, si vous ne pouviez rien de plus pour moi. Mais vous conserveriez votre haine et votre ressentiment, et je serais le plus à plaindre de hommes. J'aime bien mieux que vous me rendiez votre amitié filiale, et si vous pouviez me la promettre, je vous jure sur tout ce qu'il y a de sacré au monde, sur votre propre cœur, où j'ai cultivé la candeur et la droiture, — vous ne pouvez pas nier cela, — que je vous respecterai, même dans ma pensée, et que vous dormirez réellement désormais sous mon toit comme sous celui d'un père.

« Ne croyez pas, ajouta-t-il, que celui de mes deux amours pour vous que vous maudissez et que vous méprisez, soit le principal à mes propres yeux. Non! C'est l'amour paternel qui est le plus fort; c'est lui qui est le but de mon dévouement, et la joie, la gloire de mon avenir. Vous deviendrez une grande artiste si vous restez près de moi; c'est là mon rêve et mon ambition. L'autre amour... oubliez-le, soyez censée ignorer qu'il a existé. Tenez, il n'existe plus; votre malédiction l'a fait disparaître; j'en rougis, si vous exigez que j'en rougisse. Continuez à être ma fille, ma création, mon enfant, mon idéal, comme vous l'étiez dans votre conscience et dans vos chastes épanchements. Ne m'ôtez pas le seul bonheur qui me reste. J'ai une femme infirme et dévote, des enfants ambitieux et positifs. Je ne suis pas aimé dans ma maison. On m'accorde une certaine supériorité d'intelligence, mais on me reproche de n'avoir pas l'instruction lucrative et d'aimer mes rêves plus que la fortune. Soyez à vous seule toute ma famille. Ne me laissez pas désespéré, abandonné dans la vie. Songez que les années d'un vieillard sont comptées, et que c'est presque un crime de le délaisser et de marcher sur son dernier espoir. »

« Tout cela était mieux dit que je ne vous le rapporte, et sa jolie figure retrouvait des éclairs de sensibilité, à tel point que de vraies larmes semblaient couler de ses yeux pénétrants, tantôt doux comme le ciel, tantôt petillants comme des étincelles. Je sentais que s'il ne m'eût pas indignement trompée et s'il n'eût pas été marié, son âge ne m'eût pas empêchée de l'aimer, de l'épouser s'il l'eût voulu, et de lui être fidèle.

« Mais cette demi-persuasion, à laquelle, malgré ma résolution de feindre, je me sentais entraînée, redoublait précisément ma terreur. Si je laisse cet homme s'emparer de ma confiance, je suis perdue probablement, me disais-je, et, quelque jour, j'aurai à me haïr moi-même étrangement. Je ne serai plus qu'une fille entretenue, ou une héritière de contrebande, ce qu'il y a de plus lâche au monde.

« Je lui laissai croire que j'étais calmée, rassurée, et je le priai de me laisser seule à mes réflexions pendant quelques jours. Mais, dès qu'il fut parti, je sentis ma résolution bien arrêtée.

« Malgré tous ses serments, ma méfiance était éveillée et ne pouvait plus se rendormir. J'avais exigé que l'affreuse vieille sortît de la maison à l'instant même ; mais au bout d'une heure, elle rentra sous prétexte de faire ses paquets et d'emporter ses hardes. Je ne pouvais la chasser de force et elle essayait par mille câlineries de me désarmer, disant qu'elle ne devinait pas en quoi elle avait pu me déplaire. Je n'osais m'expliquer avec elle, bien qu'elle fût certainement la complice de son maître, et je craignais réellement qu'elle n'eût l'idée de m'empoisonner, soit par l'ordre de celui-ci, soit de son propre chef, pour ensevelir avec moi un secret qui n'était peut-être pas sans précédents du même genre.

« Aussi je refusai de manger et de boire quoi que ce soit à l'heure du déjeuner. Je sortis dans le jardin en lui disant que j'allais rentrer et en lui ordonnant de me faire du café.

« Je me glissai alors vers la petite porte de l'enclos ; mais je la trouvai fermée à double tour, et, revenant sur mes pas, je remarquai que le jardinier, sans en avoir l'air, veillait sur l'issue principale. J'étais donc gardée à vue, les murs et les fossés de l'enclos étaient difficiles à escalader ou à franchir, et j'étais si affaiblie que je ne pouvais plus compter sur mes forces de montagnarde sauvage.

« Je résolus d'attendre la nuit, et je passai la journée à travailler avec une apparente assiduité. Je fis encore un tour de promenade au soleil couchant. Je pris congé de mes fleurs, de mes oiseaux, de toutes ces choses pures que j'avais appris à aimer, et qui étaient aussi innocentes de ma honte qu'indifférentes à ma douleur.

« Quand tout fut bien sombre, je me glissai de nouveau au fond du petit parc, et j'y trouvai le jardinier bossu qui faisait bonne garde, tandis que la Rita préparait dans la maison un certain mets que j'avais paru désirer, afin de lui rendre la confiance. Ce jardinier était aussi assez sournois, mais très-poltron, je l'avais remarqué. Je me jetai sur lui à l'improviste et lui mis devant la figure un pistolet que j'avais pris dans la chambre du comte, et qui n'était peut-être pas chargé. Mais j'avais l'air si résolu à lui brûler la cervelle, qu'il me donna la clef sans hésiter. Je lui ordonnai d'ouvrir lui-même la porte, en le tenant toujours en joue, et je m'élançai dehors comme une flèche, comme un éclair, comme une folle.

« Je courus dans la direction de la route qui longe la grève, mais, faisant, avec assez de présence d'esprit, des zigzags dans la prairie ombragée, pour dérouter le bossu qui me suivait, et dont j'entendais les longues jambes craquer derrière moi comme celles d'un squelette. J'avais eu l'imprudence de jeter mon arme, et sans doute il s'en était aperçu.

« Je le sentis très-près de moi, au moment où je gagnai la route; mais un voiturin arrivait sur nous, et mon persécuteur s'arrêta. Je compris que si je laissais passer cette voiture, il pourrait s'emparer de moi sur le chemin désert. Je me jetai à la tête des chevaux, en demandant une place. Le conducteur voulut me repousser, les voyageurs qu'il conduisait ayant loué son *legno* pour eux seuls.

« C'étaient des Anglais qui mirent le nez à la portière, et qui, entendant la voix d'une femme, m'offrirent de me faire monter dans l'intérieur avec eux. Je refusai, disant que je n'allais pas loin, et suppliant seulement qu'on me permît d'être sur le siége ou sur

4

le marchepied. Cette faveur me fut octroyée. Le cocher me prit à côté de lui et fouetta ses chevaux. Où allions-nous? je n'en savais rien, mais nous tournions le dos à Gênes, et j'étais sauvée.

« Cette fois, je n'avais pas fait la folie de partir les mains vides. Je ne voulais plus être à la merci du premier passant que la faim me forcerait d'implorer. J'avais emporté cent livres sur trois mille dont ma bourse avait été garnie par le comte. J'étais vêtue très-simplement, mais assez chaudement pour supporter le voyage au grand air; on était en plein janvier. Quand nous arrivâmes, vers minuit, à Chiavari, où les voyageurs devaient coucher, je me reconnus. Je payai le conducteur, et je m'enfuis pour échapper à ses questions et à ses offres de services.

« Il m'avait dit qu'il conduisait ses trois Anglais à Florence par Lucques. Je ne voulais pas traverser mon pays. Je m'enquis d'une diligence pour Sarzana. J'arrivai à temps, cette diligence partait. A Sarzana, je ne pris que le temps de manger, car j'étais à jeun depuis vingt-quatre heures, et je partis pour Parme, où je me reposai un jour sans me montrer. De là, je gagnai Vérone, où la destinée m'arrêta.

« Je m'étais demandé, en voyage, de quoi j'allais subsister quand j'aurais dépensé la misérable somme dont je ne m'étais pas munie à d'autre intention que celle de pouvoir fuir. Au milieu des rêves qu'il m'était permis de faire, celui de continuer l'étude de la musique dominait tous les autres. Mais il me fallait gagner de quoi payer mes études, où, au moins, de quoi vivre en étudiant seule, et je ne voyais que le théâtre qui pût accueillir un pauvre enfant perdu comme moi. Je n'en savais pas encore assez pour espérer le moindre succès. Mais là, du moins, j'entendrais les premiers sujets, et je pourrais peut-être me former par la seule audition, comme tant d'autres !

« Il s'agissait de savoir si j'étais capable de chanter les seconds rôles, ou même les troisièmes. Je me rendis au théâtre, et j'entendis outrageusement siffler la prima donna. Elle avait pourtant du talent, la pauvre fille, cent fois plus de talent que je n'en avais alors ; mais elle était vieille, fatiguée, et chantait tout son rôle un quart de ton trop haut. Dès le lendemain, j'allai m'offrir pour la remplacer. C'était un coup d'audace ; mais j'avais compris que le public tenait peu de compte de la science et ne demandait que des moyens.

« Le directeur de la troupe musicale, un vieux connaisseur très-ironique, se mit au piano et me fit chanter quelques phrases. — C'est bien, me dit-il mélancoliquement, vous avez tout ce qu'il faut pour réussir ici : une voix magnifique, une jolie figure et une ignorance effrontée !

« — Je le sais, lui répondis-je en riant, mais quand la pauvre fille, sifflée hier soir, a débuté, en savait-elle plus que moi ?

« — Non ! elle ne savait rien.

« — Eh bien, elle a appris, elle a réussi, et, à présent qu'elle en sait assez, elle ne réussit plus; elle a fait son temps, laissez-moi faire le mien.

« Je débutai huit jours après dans la *Gazza ladra*, après trois répétitions et des journées entières consacrées à apprendre en secret mon rôle, que je ne m'étais pas vantée de ne pas savoir. Mais j'avais étudié les principaux airs avec un bon professeur, et je ne les disais pas trop mal; je n'avais pas la moindre notion de l'art dramatique, ni de la mise en scène. Mais, en Italie, tout s'improvise, l'amour, la guerre, l'art et le succès. Le mien fut complet : ma gaucherie plut comme une grâce et ma jeunesse comme un mérite. Tout ce que je manquai ou estropiai misérablement fut accueilli par des rires pleins de bienveillance; tout ce que je réussis fut applaudi avec enthousiasme. Enfin, le public véronais m'adopta comme un enfant que l'on veut gâter, et mon engagement fut signé après la représentation, non sans beaucoup de sarcasmes de la part du vieux directeur et de mes nouveaux camarades.

« Si j'eusse manqué d'intelligence et de volonté, j'étais perdue; car on avait mis beaucoup de mes défauts sur le compte de l'émotion, et si j'avais dans le public une majorité de partisans bénévoles, je ne devais peut-être pas tarder à y trouver une réaction inquiétante. J'en étais parfois épouvantée, mais je me disais : Aide-toi, le ciel t'aidera; et je fis si bien que, d'une représentation à l'autre, on put constater des progrès qui désarmèrent les auditeurs scrupuleux et le directeur lui-même.

« Au bout de trois mois, j'étais réellement une actrice passable et une cantatrice bien douée qui donnait de l'espoir.

« J'eus encore un prodige à obtenir du ciel. C'est, étant forcée d'embrasser ma carrière à un âge où les moyens mêmes ne sont pas complets, de ne pas perdre ces moyens par une fatigue prématurée. Je n'avais pas seize ans, et je grandissais encore. Mais à peine avais-je quitté la fatale maison où l'on s'était joué de ma santé et de ma vie, que ma bonne constitution avait repris le dessus. Je n'avais plus de migraines ni de langueurs. Les émotions du théâtre étaient une issue naturelle à mes besoins d'action. Je dormais comme une pierre et je mangeais comme un jeune loup. Ma voix acquérait de l'éclat sans perdre de sa fraîcheur. Moi-même, j'acquérais une certaine beauté, de la grâce et de l'élégance. J'étais bonne fille, excellente camarade. J'étais aimée, j'étais heureuse ! »

— Vous étiez aimée, dit en souriant la duchesse, dites-nous donc ça !

— J'entends, répondit la Mozzelli. Vous ne me demandez pas l'histoire de ma carrière artistique, mais celle de mon cœur; aussi j'ai passé vite sur mes aventures de théâtre, et je reviens à celles qui vous intéressent.

« J'étais aimée, vous ai-je dit, aimée de mes camarades, de mon directeur et de mon public. Mais je l'étais plus particulièrement du signor Ardesi, le jeune basso-cantante, comme qui dirait le Tamburini en herbe de la troupe. C'était un beau garçon, brun, grand, maigre, des yeux superbes, une voix de tonnerre, un cœur excellent, un caractère gai, un artiste véritable. Il savait la musique, lui; il savait chanter; il donnait les plus belles espérances. Mais il ne devait pas vivre, par la raison que quand, par miracle, un homme est capable d'aimer, il faut qu'il meure bien vite, afin de laisser le monde à ceux qui n'aiment pas.

« Quand je le perdis... »

— Oh! oh! doucement! s'écria madame d'Évereux, vous sautez au moins un chapitre.

— Pourquoi pas? reprit la cantatrice. Je vous ai promis le récit de mes déceptions et rien de plus; mais vous voulez tout savoir! Eh bien! j'y consens; si je tombe dans la psychologie, nécessaire quelquefois pour expliquer les variations du cœur et de l'esprit, ce sera votre faute.

« Quand ce pauvre Ardesi m'entendit la première fois, il vint à moi dans l'entr'acte et me dit, me tutoyant d'emblée, comme c'est encore l'usage dans les troupes de province, en Italie : — Ma chère petite, tu devrais travailler, car tu as de l'avenir. — Fais-moi travailler, lui répondis-je, et je te devrai plus que la vie.

« Il me prit au mot et vint chez moi dès le lendemain. C'était un fort galant homme, et il ne voulut pas perdre le mérite de sa générosité en m'exprimant son amour. Mais cet amour était sincère et dévoué, et je ne fus pas longue à m'en apercevoir.

« Comment la reconnaissance me gagna, ne me le demandez pas trop; je serais forcée d'avouer que je ne m'en souviens pas bien. Et que ceci ne vous paraisse pas le fait d'une fille trop légère. J'étais, à ce moment de ma vie, plus et moins que cela. J'étais ivre, j'abordais le théâtre et j'entrais dans l'art. J'avais du succès et de l'espérance; je sortais d'un rêve affreux, d'un cauchemar et d'un effroi mortels; je sentais le besoin impérieux de vivre, de rajeunir, c'est-à-dire de me retremper, par l'amour jeune et vrai, dans la foi qui me quittait. J'étais naturellement en réaction violente contre l'hypocrisie qui s'était jouée de moi, et tous mes doux souvenirs de la villetta de Recco étaient empoisonnés. J'étais pressée d'oublier ces joies perfides, cette amitié maudite. Tout ce qui pouvait me jeter bien vite dans un courant contraire m'appelait irrésistiblement. Je ne fis point de réflexions, je n'eus pas de repentir, je ne cherchai plus dans ma conscience le mot de ma destinée. J'étais artiste, Ardesi était mon initiateur, mon protecteur contre des rivalités dangereuses, mon conseil et mon ami. Je lui dois en grande partie ce que je suis. Je ne l'oublierai jamais, et je ne rougis pas de son souvenir. »

## VI

— Pourquoi donc ne l'avez-vous pas épousé? dit mademoiselle Verrier avec candeur.

— Je ne l'ai pas épousé, parce qu'il faut aimer passionnément pour se jeter dans la misère. Ce que nous gagnions au théâtre était si peu de chose que c'était déjà assez méritoire, croyez-moi, de nous aimer fidèlement comme nous nous aimions. Il eût bien fait, lui, cette folie de m'épouser; mais je sentais que je n'avais pas assez d'enthousiasme pour y consentir. Ardesi était, certes, mon égal en intelligence, et j'étais encore son inférieure en talent; mais, en dehors de son art, il manquait d'éducation première, et il m'arrivait bien souvent, malgré moi, de me rappeler les nobles manières et l'instruction, à la fois immense et charmante, du vieux patricien qui m'avait inspiré le goût des choses élevées.

« Dans ces moments-là, Ardesi buvant de la bière aigre et fumant des cigares moisis avec les machinistes du théâtre, dont les lazzi grossiers le faisaient rire aux larmes; s'intéressant avec plus de curiosité que d'indignation aux petites turpitudes du triste milieu où, sans le faire paraître, je me sentais froissée et déplacée à mesure que je le voyais de plus près; Ardesi, bon enfant et résigné à son sort, mais ne concevant pas des goûts plus exquis et un entourage plus digne, ne pouvait m'inspirer que de l'amitié.

« J'aspirais à monter, moi! Ma vie a été longtemps une ambition vers je ne sais quel idéal, non de gloire ou d'argent, mais de poésie et de sublimité. J'aurais voulu être la plus grande cantatrice du monde, afin de pouvoir me dire : Au-dessus de moi, il n'y a que le pouvoir et la richesse, qui ne sont pas des dons de Dieu, mais des hasards de la destinée. Ce que je suis, je ne le dois qu'à moi-même.

« Donc, le pauve Ardesi, m'ayant fait monter vers mon but par les progrès que je lui devais, était l'objet de ma reconnaissance et de mon dévouement, vu que je ne suis pas ingrate; mais il avait un grand tort, selon moi : il n'était pas ambitieux. Il acceptait la médiocrité de sa position avec insouciance, faisant toujours de son mieux par amour de l'art, mais prenant tout en patience comme s'il eût dû vivre deux cents ans. A ses côtés, je m'étourdissais dans l'émotion et le mouvement des études dramatiques; mais quand, par hasard, j'étais seule quelques instants, je pleurais sans savoir pourquoi.

« Un jour, il me surprit dans les larmes et me gronda en homme de bon sens qu'il était. — Tu regrettes, malgré toi, ta villetta de Recco, je le vois bien, me dit-il, et tu crois être tombée au-dessous de ton sort légitime, ce qui est une grave erreur! Tu n'étais pas née pour être une signora, mais une marchande de légumes. Te voilà artiste, c'est un pas immense, et il ne te suffit pas! Tu voudrais monter sur les planches, être applaudie, puis rentrer dans une jolie maison où tu n'aurais plus qu'à parler littérature ou philosophie avec de grands esprits, tout en respirant à l'ombre les parfums des louanges délicates et des roses-thé, jusqu'à la prochaine ovation. La brutalité de la misère te navre, et tu crains toujours de crotter le bord de ta jupe, comme si c'était une robe de satin. Souviens-toi que tu es née sous la bure et que tu as aujourd'hui des souliers, ce qui est une grande chose! Tu oublies ce que tu devais être, pour ne te rappeler que ce que tu aurais pu être, si le vieux comte n'eût pas été lui-même un fourbe libertin. Eh bien! prends garde à ces souvenirs-là; ils mènent tout droit à la corruption, et ce ne serait pas la peine d'y avoir échappé dans un jour de bravoure, si ta mélancolie et tes songes devaient t'y conduire par le chemin de la mollesse et par le manque de caractère.

« Ardesi avait cent fois raison, mais je n'en étais pas moins dévorée d'un secret ennui. Au bout d'un an, la joie de mes débuts était oubliée, mes succès de petites villes ne me suffisaient plus; j'aurais voulu briller à Venise, à Milan ou à Naples. Je le pouvais, car on m'offrait un engagement que je refusai; il aurait fallu me séparer d'Ardesi, dont on ne voulait pas, et j'étais résolue à lui tout sacrifier.

« Un soir, comme nous finissions *Don Juan,* la trappe qui devait engloutir le pauvre artiste s'ouvrit trop vite; il perdit l'équilibre et tomba pour ne plus se relever.

« Je l'aimai mort plus que je ne l'avais aimé vivant. Ses généreuses qualités, sa loyale affection, sa probité incontestable, qui avaient résisté à une éducation de hasards et d'aventures, m'apparurent dans tout leur mérite quand je me trouvai seule dans la vie, au milieu de gens qui ne le valaient pas, et en présence de mes autres souvenirs flétris par la trahison.

« Sa mort fut un événement dans la ville et dans le pays. On lui fit des obsèques honorables, et nombre de personnes éminentes ou distinguées voulurent y assister. Les journaux de la localité lui payèrent un tribut mérité d'éloges et de regrets. Tout cela le relevait dans mon cœur, et je sentis que je perdais une affection que je ne remplacerais point.

« Le séjour de Vérone m'était devenu insupportable. Je partis pour Venise, où j'eus de véritables triomphes. Une douleur sincère avait ouvert mon âme à l'émotion sérieuse et profonde. Mon talent était loin d'être irréprochable; mais j'étais dramatique et je faisais pleurer.

« Je portai véritablement le deuil dans mon cœur et dans ma conduite pendant plusieurs mois. Ma réputation de labeur et d'austérité fut bientôt établie, et les salons les plus distingués me recherchèrent. J'avais des soirées et des élèves dans les meilleures familles, et ma position devenait aisée en même temps qu'honorable.

« Mais, voyez-vous, le monde est ainsi fait que les meilleures choses nous y créent des dangers, et que nos mérites entraînent presque inévitablement notre perte. Ma jeunesse et mes succès n'étaient pas des attraits sans précédents ou sans analogues; ma vertu fut un fait remarqué dans ma position et m'attira des poursuites ardentes et passionnées. Tel personnage qui, lors de mes débuts à la *Fenice,* m'avait accordé une médiocre attention, fut prêt à m'offrir son nom et sa fortune quand, au bout de quelque temps, il fut bien avéré que je n'avais pas d'amants. Ce fut alors une persécution dont vous n'avez pas l'idée. Les vieillards assiégeaient ma vie pour y abriter les restes de la leur; les libertins cherchaient tous les moyens de me compromettre pour satisfaire leur vanité; les jeunes gens naïfs se brûlaient la cervelle (en prose et en vers) chaque matin à ma porte. Enfin, je faisais fureur, et il ne tenait qu'à moi d'être princesse ou tout au moins marquise. »

— Vous avez eu bien tort de ne pas profiter de cette belle veine de vertu pour faire un beau mariage, observa la duchesse; et, avec vos instincts de grandeur, je m'étonne que vous soyez restée Sofia Mozzelli comme devant.

« L'occasion qui eût résumé mes ambitions ne se présenta pas, répondit la Mozzelli; je ne voulais, à aucun prix, épouser un homme âgé. J'avais pris la vieillesse en horreur, et je lui ai toujours gardé rancune. Je voulais un mari jeune, beau, honnête et de grande famille. Il ne s'en présenta que de laids ou de tarés, dont l'argent ou l'esprit ne me tenta point. Ceux qui eussent pu me plaire ne se trouvaient pas dans une position assez indépendante pour que la délicatesse et la fierté me permissent de les écouter. J'étais scrupuleuse et difficile à l'excès ; ma vertu me portait au cerveau, je dois le dire.

« Si bien qu'après avoir repoussé des offres que la froide raison eût accueillies sans objection, je pris le plus mauvais parti possible ; ou plutôt, je ne pris aucun parti. La jeunesse, c'est-à-dire le besoin d'aimer et de croire, recommença à me parler, et même avec plus d'énergie qu'elle ne l'avait encore fait. Le repos du cœur m'avait comme renouvelée ; et, fière d'avoir échappé à la corruption, je me fis, de l'amour qui m'était dû, une trop haute idée.

« Chaque jour grandissait mon secret orgueil et mon besoin de le satisfaire. Je découvrais en moi des puissances que mes deux premiers amours, le premier tout d'instinct, le second tout d'amitié, n'avaient pu développer, et l'avenir, l'amour attendu et rêvé, s'annonçait avec les ardeurs de la passion dévorante.

« Il y eut combat quelque temps entre ces élans de fièvre et mon ambition de bonne renommée. La vertu a de grandes douceurs ; mais, chez une femme libre et jeune, elle ne marche pas sans l'espoir d'une récompense, et la mienne ne se présentant pas sous la forme d'un brillant mariage d'inclination, je mis cette ambition à la porte, et résolus enfin de n'écouter que mon cœur.

« Il me donnait de bons conseils, mais son choix fut malheureux. Un fils de famille, librettiste pour son plaisir, jeune, enthousiaste, charmant, m'avait sacrifié, malgré moi, un riche mariage. Je crus faire une grande chose, ne pouvant faire que ce mariage fût renoué, en refusant sa main qu'il m'offrait contre le gré de sa famille, et en lui donant mon amour sans conditions. Sa reconnaissance le rendit sublime en paroles, comme le désir l'avait rendu héroïque en actions. Mais la possession le rendit à son naturel inquiet et avide de nouveauté. Une maîtresse, qu'en même temps que sa riche fiancée il avait abandonnée pour moi, et qui était une très-grande dame fort habile, me le disputa avec acharnement, et finit par le reprendre. Après avoir subi toutes les tortures du soupçon et de la jalousie, je restai seule avec ma colère et ma honte.

« Mais ma chute avait fait du bruit. Les prétendants devinrent plus audacieux. Le dépit me troubla le jugement. Un Lovelace en renom me vengea de l'infidèle. A son tour, il me fut disputé, et j'entrai fatalement dans les luttes de l'amour-propre et de la jalousie, luttes furieuses et misérables qui sont bien des passions, mais qu'on a tort d'appeler amour, car elles ne sont pas même de l'amitié. C'est un mélange de désir et de haine, rien de plus, mais cela vous ravage et vous épuise.

« Trompée de nouveau, je m'étourdis dans le bruit

et le désordre entra dans ma vie. Oui, je suis ici pour
tout dire, je menai pendant plusieurs années, à Venise, à Milan et à Vienne, une existence déplorable.
Toujours orgueilleuse et désintéressée, je ne calculai
rien que la satisfaction de triompher de mes rivales ou
de me venger de leurs dédains. A peine satisfaite sur
ce point, je sentais le remords et le chagrin atroces
d'appartenir à des liens où mon cœur ne trouvait aucune joie véritable, et, tout aussitôt, je subissais le
besoin impérieux de les rompre.

« Je me rejetais alors dans l'étourdissement d'une
activité délirante. Soupers prolongés jusqu'au jour,
courses folles et périlleuses par tous les temps et tous
les chemins, avec des compagnons de plaisir excités
comme moi-même, et qui, cependant, reculaient quelquefois devant mes défis insensés, cavalcades ou régates
échevelées, excentricités innocentes par elles-mêmes,
mais qui faisaient scandale par le mépris de la vie
qu'elles révélaient aux gens paisibles et religieux :
j'essayai de toutes ces émotions et de toutes ces fatigues pour échapper au besoin d'aimer qui me pour-
suivait, et dont je n'embrassais que le rêve de plus en
plus éphémère et trompeur.

« Nécessairement, ma santé souffrit d'un pareil régime, et, pendant quelque temps, on me crut frappée
à mort. Cela décupla mes succès. Allons vite l'entendre, se disait-on, c'est peut-être la dernière fois qu'elle
chantera. Le fait est que je toussais à rendre l'âme, et
je chantais quand même, non plus avec la suavité de

l'adolescence, mais avec la puissance nerveuse de la fièvre. Je ne tenais pas à vivre, mais à émouvoir, et j'eusse sacrifié dix ans de mon avenir pour un moment d'enthousiasme de mon public. C'était le seul plaisir sur lequel je ne fusse pas blasée.

« Un jour, je me trouvai seule en voyage, arrêtée dans une misérable auberge au bord d'un beau lac. Je m'étais brouillée avec la plupart de mes amis pour un caprice, et je m'en allais dans une autre ville chercher un milieu nouveau à mon activité désespérée.

« Mais la maladie se jetait sur moi, et, pendant trois jours et trois nuits, je vis la mort face à face. Je n'avais conscience de rien autour de mon lit abandonné. Je sentais seulement que j'étais là sans amis et que je ne pouvais plus rien contre un mal implacable, l'épuisement du corps et de l'âme.

« Si je fus sauvée par le médecin du village ou par un reste de forces physiques qui avait survécu au désastre de ma vie, je l'ignore absolument. J'en laissai l'honneur au bonhomme, et quand il me prescrivit de rester là un mois pour me remettre, je convins qu'il avait raison, puisqu'il m'eût été impossible de m'en aller ailleurs.

« Ce temps de solitude absolue me fit rentrer en moi-même. Comme j'avais été beaucoup d'heures sans connaissance, je me sentais brisée, et comme séparée du passé par une lacune de cent ans. Cette vie, dont j'avais fait si bon marché, j'étais forcée de reconnaître qu'on l'aime toujours quand même, et je me surprenais à chaque instant remerciant Dieu, avec une joie enfantine, d'avoir bien voulu me ressusciter. Je regardais le ciel et les arbres dans les eaux du lac, comme si je ne les eusse jamais vus. Tout me paraissait beau, jeune, puissant, éternel. Moi seule j'étais faible et craintive. J'avais loué une barque que j'avais fait garnir de coussins, et où l'on me promenait étendue comme sur un lit. Au moindre souffle du vent, j'avais peur. Était-ce bien moi qui, sur les rivages de l'Adriatique, avais dix fois choisi les heures de tempête pour braver la colère des vagues? Non, à coup sûr, c'était une autre, me disais-je : c'était une folle, une ingrate! La vie est si douce et la tombe est si morne!

« A cet accablement délicieux succéda la réflexion, moins douce, mais bienfaisante. Aussi tout le passé me parut déplorable et je sentis que, pour y survivre, il fallait l'anéantir afin de pouvoir l'oublier. L'avenir m'apparut, encore une fois, ouvrant ses ailes d'or comme un oiseau du ciel qui fuit des rives maudites pour chercher un monde nouveau. J'avais encore des ailes, moi! ma voix, un peu altérée, n'était pas perdue. Mon talent pouvait grandir encore, et ma conscience n'était bourrelée que de torts envers moi-même. Dieu, qui nous demande compte de l'emploi de ses dons, pardonne à qui veut être pardonné, et restitue à qui veut réparer. J'avais fait de grandes folies, mais je n'avais aucune bassesse à me reprocher. Je n'avais été méchante qu'avec les méchants. La bonté m'avait toujours trouvée sympathique et le repentir généreuse. J'avais respecté la foi et la candeur chez les autres. Enfin, j'étais bien morte, mais non damnée, puisqu'il m'était permis de revenir sur la terre, d'en comprendre encore la beauté, et d'y chercher une meilleure existence.

« Je prolongeai mon séjour au bord de ce lac de Garde, le plus beau des lacs italiens, aussi longtemps que me le permirent mes courtes finances. J'ai toujours été pauvre, n'ayant que le fruit de mon travail au jour le jour. Les trois mois que je passai dans ce lieu enchanté au milieu de bonnes gens simples, et au sein d'une nature vraiment sublime, sont le meilleur souvenir de ma vie. Le dernier mois, ma santé étant véritablement revenue, je me procurai un piano et je travaillai sérieusement, tout en négociant par correspondance un engagement avec Naples.

« C'est au bord de ce lac que j'appris la mort du comte A... Je ne vous ai pas dit que, deux ans après l'avoir quitté, j'avais reçu de lui une lettre où il m'apprenait qu'il était veuf. Il m'offrait de m'épouser, disant qu'il ne pouvait faire moins pour une personne qui ne l'avait pas trahi, et dont il avait eu raison de ne pas craindre la vengeance. Je n'avais pas même répondu à sa lettre ; j'étais alors lancée dans mon premier tourbillon. La nouvelle de sa mort m'émut profondément, je n'avais aimé et respecté personne autant que ce malheureux et coupable vieillard, avant de connaître son véritable caractère. Je me trouvai soulagée d'une véritable souffrance en me souvenant qu'il avait voulu réparer son crime autant que possible, et que je pouvais désormais pardonner à sa mémoire.

« J'allai donc chanter à Naples, et, depuis cette époque, j'ai vécu autrement. J'ai cherché, non plus le plaisir, ni la lutte, ni le mariage d'ambition, ni la vengeance, ni la fantaisie, ni le suicide de l'âme : j'ai cherché la gloire au théâtre et l'amour vrai dans la vie. J'ai trouvé la gloire, non pas telle que je l'avais rêvée, mais assez douce encore, en dépit de beaucoup de déceptions. Quant à l'amour... »

— Eh bien? dit la duchesse.

— Je ne l'ai pas trouvé, répondit Sofia, et, cette fois, ce n'est pas ma faute, car je l'ai sincèrement demandé à Dieu, et j'ai beaucoup fait pour le mériter. Mais il n'habite pas ce monde ; c'est une aspiration de nos rêves, c'est une intuition providentielle que nous avons de quelque monde meilleur. Le cœur d'aucun homme n'en possède la puissance et n'en recèle le bienfait. Les femmes y croient encore et le poursuivent, même après avoir perdu l'espoir de le rencontrer. Les hommes ne se donnent plus cette peine-là, car ils n'y croient plus, et le trouveraient sans savoir en profiter.

— Prenez garde, dit mademoiselle Verrier après un moment de silence, que ce ne soit là un blasphème!

— Ou tout au moins une hérésie, ajouta la duchesse. Je vous dirai mon sentiment tout à l'heure ; mais votre histoire n'est pas finie?

— Si fait, répondit l'artiste. Je ne peux pas vous dire combien de fois j'ai essayé ou espéré d'aimer depuis que je me suis rangée. Ce serait toujours la même histoire, et une galerie de portraits parfaitement inutile. Je ne vous ai pas décrit les sottes ou folles figures qui ont rempli de leur présence mes années de fièvre : je ne veux pas vous décrire davantage les froides et trompeuses physionomies de la nouvelle période. J'ai changé du jour au lendemain toutes mes habitudes. J'ai compté les heures du jour, refusant à la promenade ou à la sieste celles qui devaient être consacrées au travail. J'ai cessé de me mettre inutilement en vue, j'ai réservé tous *mes effets* pour mon art. J'ai rompu avec le paradoxe, je me suis intéressée aux choses générales, à la vie publique, aux malheurs de mon pays. J'ai été voir mon père qui s'était laissé combler de mes dons, et qui a bien voulu m'en remercier. J'ai consigné à la porte tous les aventuriers de l'amour. J'ai donné, par la régularité de ma conduite, des garanties à l'opinion. J'ai fait beaucoup de charités et rendu beaucoup de services, j'ai appris la musique gratis à de pauvres petites filles, j'ai chanté pour tous les proscrits. J'ai recherché partout les érudits, et j'ai acheté un perroquet dont je m'occupe beaucoup. J'ai acquis des notions en archéologie et en histoire, j'ai pris intérêt aux fouilles de Portici, j'ai reçu des gens qui passaient pour sérieux, je n'ai pas joué à la loterie des capitaux, j'ai fait deux ans d'économies et j'ai acheté à Nice une petite maison pour ne pas payer de loyer sur mes vieux jours.

« Tout cela est fort sensé, comme vous voyez. Eh bien! mon travail assidu et mes véritables progrès ne m'ont pas rapporté plus de succès que n'en avaient mes audaces improvisées sur la scène. Mes charités n'ont pas diminué le chiffre des pauvres, qui augmente toujours. Les artistes que j'ai obligés ont tous été ingrats. Mes graves amis sont fort ennuyeux et mon perroquet parle turc ; ma maisonnette me coûte plus d'entretien qu'elle ne me rapportera jamais d'économies. Quant aux hommes considérés et prétendus sérieux parmi lesquels j'ai cherché le fantôme d'un ami véritable, j'ai trouvé chez eux, tour à tour et sans exception, plus de prétentions et de perfidie, autant de vanité, de frivolité et d'ingratitude, enfin beaucoup moins d'esprit et de spontanéité que chez mes anciens compagnons de paresse et de plaisir. J'ai dit. »

— Résumons-nous, dit la duchesse en s'adressant à Constance ; notre chère Sofia est arrivée à l'impuissance du cœur par le chemin de la satiété ; est-ce votre avis ?

## VII

— La Mozzelli est arrivée, n'importe comment, au scepticisme, répondit mademoiselle Verrier. Que ce soit sa faute ou celle des autres, nous ne sommes pas ici pour faire son procès. Elle a vécu dans un méchant monde, et peut-être y a-t-elle vécu aussi bonne et aussi sage que cela était possible, relativement.

— Ainsi, vous me donnez l'absolution ? dit la cantatrice à mademoiselle Verrier. Vous, le bel ange des cieux, vous ne me damnez pas ?

— Je ne damne personne, et je vous excuse particulièrement ; cependant je ne vous absous pas autant que vous le prétendez. Je crois au libre arbitre, et, tout en mettant les fautes et les égarements de votre vie en grande partie sur le compte d'une certaine fatalité, je regrette que vous ne soyez pas arrivée à une meilleure solution en terminant votre récit. J'espérais mieux de vous.

— Qu'espériez-vous d'elle ? demanda la duchesse.

— J'espérais, reprit Constance, ou son humble réconciliation avec le genre humain, qu'elle n'a peut-être pas le droit de tant mépriser, ou une sorte de soumission religieuse aux misères de ce monde.

— Bien ! je comprends. Voilà mon arrêt, dit la Mozzelli un peu blessée et fort triste. Vous êtes sévère comme la vertu. Mais savez-vous ce que je pourrais vous répondre ?

— Répondez, ma chère, ne vous gênez pas, dit Constance.

— Eh bien, je vous répondrai que la vertu n'est peut-être pas souvent autre chose que l'ignorance du mal, et que, si on vous eût jetée dès l'enfance dans le même milieu que le mien, vous ne vaudriez peut-être pas mieux que moi à l'heure qu'il est.

— Oh! cela est fort possible! répondit Constance avec bonté. Laissez-moi justement partir de là pour vous dire que vous n'êtes pas ce que vous pourriez être. Vous avez une très-grande intelligence et des forces réelles, des forces étonnantes pour opérer des révolutions dans votre existence. Tout ce que vous nous avez dit en est la preuve. Je ne sais pas si, dans les mêmes situations, j'eusse trouvé autant de ressources dans ma volonté et de courage dans mon caractère. Voilà pourquoi je ne veux pas que vous ayez le droit de rester en chemin et de vous arrêter à ce paradoxe, — car c'en est encore un, croyez-moi! — qu'une moitié du genre humain a le monopole de l'amour vrai, tandis que l'autre sexe est relégué dans le cercle de la brute. Cette belle maxime me paraît dictée par l'amertume du cœur et par un reste de maladie de l'intelligence. Après des années de suicide moral, il est naturel que vous ayez encore de ces plaintes-là sur les lèvres, par habitude! Mais vous devriez, je crois, vous raisonner encore et très-souvent, afin d'arriver à l'esprit de justice, sans lequel il n'y a ni raison ni bonté sérieuses. A mon tour, j'ai dit.

— Eh bien, mais! c'est fort bien dit, s'écria la duchesse, qui écoutait Constance avec beaucoup d'attention, et qui avait eu les yeux fixés sur elle pendant presque tout le récit de la cantatrice. Je vois que nous sommes parfaitement d'accord toutes deux, parce que nous sommes logiques et calmes. Quant à cette chère exaltée, voilà qu'enfin je me l'explique : elle a le cerveau malade. Pardon, Sofia; mais, vous voyant si charmante, je ne pouvais pas croire que vous fussiez folle ; vous l'êtes, tout est dit.

— Comment ! je suis folle? Pourquoi ?

— Parce que vous demandez l'amour que vous n'êtes plus capable de ressentir. Vous voyez, je me répète.

— Vous croyez cela? dit la Mozzelli piquée au vif.

— Oui, je le crois, dit la duchesse. Vous n'avez réellement aimé qu'une fois, à savoir, la première, quand vous sentiez l'amour sans le raisonner. Du moment que vous l'avez analysé et disséqué, votre imagination seule a été éprise de ses propres chimères, et aujourd'hui, n'ayant plus que de l'imagination à donner, vous exigez un cœur en échange. Ce n'est pas juste, et l'homme qui vous donnerait le sien serait fort à plaindre. N'est-ce pas ce que vous pensez aussi, Constance ?

— Peut-être avez-vous raison, répondit mademoiselle Verrier ; mais je n'ai pas été aussi loin. Je ne suis pas tout à fait compétente. C'est la première fois de ma vie qu'une situation de ce genre est offerte à mon examen. J'aurais besoin d'y réfléchir, et, en tout cas, je vous avoue que je ne suis jamais bien pressée de condamner les gens et de leur dire : Vous êtes perdus !

— Merci, Constance ! s'écria la Sofia, vous me laissez l'espoir de guérir, vous ! Je déclare que vous êtes bonne, et que madame la duchesse est très-dure.

— Non, mon enfant, reprit madame d'Évereux. Je crois que l'on guérit de tout, même de la folie. Écoutez beaucoup mademoiselle Verrier, questionnez-la sur ce qu'elle entend par l'amour vrai. Je suis certaine qu'elle vous donnera une de ces définitions que les grands esprits savent trouver, et qui nous frappent au point de faire époque et même révolution dans notre vie morale. Voulez-vous, Constance ? Voyons, j'ai peut-être besoin aussi d'une synthèse, moi qui parle. Si vous nous racontiez votre histoire ?

— Moi ! répondit Constance en rougissant ; mais je n'ai pas d'histoire, et ce que je pourrais raconter serait fort insipide. C'est vous, madame la duchesse, qui pourriez nous donner un sage enseignement, si vous ne nous trouviez pas indignes de l'entendre. Vous avez beaucoup réfléchi, beaucoup écrit, à ce qu'on assure, et pour vous seule, malheureusement, ou pour un petit nombre d'amis privilégiés.

— Si je vous raconte ma vie, dit la duchesse, me promettez-vous toutes deux, et vous surtout, Constance, de la juger franchement, et de ne me ménager la critique en aucune façon ?

— Si vous l'exigez... dit Constance.

— Oh ! quant à moi, dit la Mozzelli, je vous promets d'être fort sévère, et si je vous trouve... *illogique*, je ne me permettrais pas de dire *folle*, je déclare que je le dirai sans ambages.

— Soit ! dit la duchesse. Eh bien, je commence et

je dis : Deuxième partie... de notre veillée : *Histoire de la duchesse d'Évereux.*

« Vous savez d'où je sors ; je n'ai pas besoin de vous ennuyer de mes quartiers de noblesse. Je n'en ai jamais été plus infatuée que vous ne me voyez ; mais je dois vous dire que mes parents en étaient affolés, et que l'on m'apprit le blason avant de m'apprendre à lire.

« Ce que l'on m'apprit, du reste, ne fatigua pas la cervelle de ma gouvernante. Ma mère trouvait qu'une fille de qualité doit savoir rédiger des billets d'invitation, chanter une petite romance et monter à cheval pour suivre un jour, au besoin, les chasses de la cour ; de plus, avoir de grandes manières, c'est-à-dire une certaine façon de regarder, de remuer les bras, de s'asseoir et de tenir chacun à sa place ; abominer certaines locutions, comme la *bonne société, battre les cartes,* etc. ; juger les gens sur ces graves indices avant tout ; ne pas pardonner un manque de savoir-vivre ; enfin, parquer, dans un certain enclos de certaines convenances, la seule portion saine et intéressante du genre humain ; regarder tout le reste comme une tourbe, et ne dire *mes semblables* qu'à un point de vue religieux et chrétien, sans application réelle à la vie pratique.

« Ma mère avait été belle du temps de l'empereur, mais elle se vantait de ne l'avoir jamais vu, et même d'avoir quitté sa fenêtre, un jour qu'il passait. C'était en Allemagne ; ma famille avait émigré et ne rentra en France qu'avec les Bourbons.

« Mon père n'avait aucune initiative dans le caractère. C'était un homme d'esprit qui ne voyait pas par les yeux de sa femme, mais qui, par crainte d'une lutte quelconque, ne marchait que par son ordre ou avec sa permission. Il se vengeait de son esclavage par le sarcasme; ma mère ne comprenait pas ou ne voulait pas comprendre. Pourvu qu'elle fût le chef actif de la famille, le plus ou moins d'adhésion ou de satisfaction personnelle du mari ou des enfants ne l'embarrassait guère.

« C'était, au demeurant, une excellente femme, charitable, juste et enjouée. Dès mes premiers ans, je vis l'ordre et l'union régner autour de moi; mais je dois à la vérité de dire que la tendresse n'y était pour rien, et que le verbe *aimer* ne frappa jamais mes oreilles. Mes parents ne semblaient pas croire que l'affection fût nécessaire au bonheur. Ils avaient placé leur contentement dans des choses tout extérieures: la fortune, la considération, l'opinion, les relations, les alliances, que sais-je? C'était une serre froide où je grandissais tranquillement, sans soleil et sans orages.

« J'avais à peine seize ans quand on me maria à ce charmant duc d'Évereux, le plus aimable, le moins aimant des *beaux.* C'était tout à fait l'homme qui convenait à ma famille. On ne me demanda pas s'il me convenait. Au reste, si on me l'eût demandé, j'eusse répondu affirmativement. Il était le plus élégant, le mieux mis et le mieux élevé des jeunes gens de notre monde. J'étais une grande niaise confiante, un peu opprimée par les puérilités systématiques de notre intérieur, avide de l'inconnu, ne doutant de rien, fière d'être appelée madame : une table rase, en un mot.

« Les chiffons, les voitures, les diamants, les armoiries remplirent ma cervelle et mes journées pendant deux mois. Après quoi, on me couvrit de perles et de guipures, et l'on m'ordonna de répondre *oui* à tout ce que me demanderaient M. le maire et M. le curé. Je répondis oui sans émotion ; je n'avais pas écouté les demandes.

« Ne croyez pas cependant que je fusse une créature stupide. J'avais ma petite critique intérieure sur toutes ces choses auxquelles j'appartenais, et je sentais bien qu'elles eussent plutôt dû m'appartenir ; que le cadre est fait pour le tableau et non le tableau pour le cadre ; mais, avec l'esprit de mon père, j'avais hérité de son horreur pour la lutte ; le seul précepte qu'il m'eût donné, — mais il me l'avait donné à propos de tout et dix fois par jour, — était : *Tâchons d'avoir la paix !* — et quand il était un peu en colère, il disait cavalièrement, mais avec une grâce charmante : *Tâchons qu'on nous flanque la paix !* — Il n'alla jamais plus loin dans son courroux, et la docilité extérieure, avec ou sans conviction, passa dans mon sang à l'état chronique.

« Huit jours après mon mariage, je fus fort étonnée de m'éveiller, un beau matin, avec je ne sais quelle flamme dans le cœur. Ma nonchalance en fut comme éblouie. J'étais ravie et troublée en même temps. J'éprouvais de la honte et de la joie. Le cher duc s'étonna de l'animation de ma physionomie, et, tout ce jour-là, il me regarda d'un air inquiet.

« — Qu'est-ce que vous avez donc? me dit-il quand nous fûmes seuls.

« — Je ne sais pas, répondis-je.

« — Mais moi, je voudrais le savoir. Tâchez d'expliquer ça !

« — Expliquer quoi ?

« — Une gaucherie que je n'avais pas encore remarquée chez vous : des yeux humides, des frissons de fièvre, des éclats de rire forcés, et tout à coup une rêverie accablée. Êtes-vous souffrante? vous ennuyez-vous ?

« — Laissez-moi chercher, lui répondis-je. Et quand j'eus un peu rêvé, les pieds allongés sur un coussin, les cheveux dénoués, et mes épaules de seize ans nues sous ses yeux tranquilles ; — je crois que j'ai trouvé, lui dis-je; du moins, je ne trouve que ça : Je vous aime !

« Toute mon âme, tout mon être, toute ma vie étaient dans ce mot !...

« Le duc trouva le mot charmant. Il me baisa les mains en déclarant que j'étais une ravissante personne.

« — Et vous? m'aimez-vous? lui demandai-je avec un peu d'inquiétude.

« Il ne répondit pas ; cette fois, le mot lui paraissait dangereux ou ridicule. Il me fit de jolies phrases et de gracieuses caresses. L'effroi entra dans mon cœur, et je ne pus dormir.

« Quand il s'éveilla, il me surprit à genoux et tout en larmes. Il devint alors tout de glace.

« — Qu'est-ce que cela signifie? me dit-il en me faisant asseoir; vous allez être ainsi? vous avez donc lu des romans?

« — Jamais !

« — Eh bien, qu'est-ce que vous rêviez donc avant le mariage ?

« — Vous !

« — Cela n'est pas vrai, puisque je suis là et que vous avez l'air de pleurer un absent.

« — Je pleure peut-être un beau rêve, qui serait d'être aimée de vous.

« Et vous trouvez que je ne vous aime pas?

« — Il me semble.

« — A quoi voyez-vous cela ?

« — A rien et à tout.

« — Vous rêvez : je vous aime beaucoup !

« — Beaucoup, voilà tout ?

« — Ah ! vous voulez que je dise éperdument, passionnément ?

« — Ces mots-là, dits comme vous les dites, me semblent un froid badinage; mais si vous les disiez autrement, peut-être qu'ils me rendraient folle de joie: qui sait ?

« — Ma chère enfant, répondit le duc, je vois ce que c'est. Vous n'avez pas lu de romans, je veux bien vous croire, mais vous êtes romanesque. Peut-être que vous êtes venue au monde comme ça ! Eh bien! il faut vous corriger d'une maladie qui ne sied pas à une femme mariée, et que je ne tolérerai jamais chez celle qui porte mon nom. Je vous prie de rester dans la mesure de l'affection que nous nous devons l'un à l'autre, et de ne pas exiger des extases de poëte et des simagrées de théâtre. Soyez naturelle, restez enfant et insouciante, ça vous allait si bien ! Je vous avertis que je ne vous ai épousée que pour avoir une vie tranquille. J'ai eu beaucoup de maîtresses. J'ai inspiré de belles passions. J'en avais par-dessus les yeux. Tout cela est affectation, mensonge ou fumée du cerveau. Je désire être aimé tout de bon, sincèrement, avec confiance, et je vous dirai comme votre père, qui est spirituel et raisonnable : Tâchons d'avoir la paix ! C'est là tout l'idéal du mariage, voyez-vous ! Il n'y en a pas d'autre. Certains transports n'ont pour but que le devoir de perpétuer la famille : votre beauté rend ce devoir très-agréable. Mais les grimaces et les tirades, les reproches et les pleurs sont les fléaux de l'hyménée et les assassins du repos domestique : n'oubliez pas l'avertissement !

« Tout cela fut dit avec douceur, mais avec tant de précision, que je me le tins pour bien dit, et promis de ne point m'en affecter.

« Me voilà donc, à seize ans, amoureuse d'un mari qui me défend de le faire paraître, d'être émue et attendrie dans ses bras, de rêver de lui en son absence, de m'affliger de son air distrait, et de pleurer quand il me raille.

« Je l'aimai pourtant plus d'une année, avec la certitude que j'aimais seule, et ce ne fut pas un petit martyre, croyez-le bien. J'étais si éprise que je craignais, avant tout, de déplaire à mon idole. Je veillais à mes regards, à mes paroles, à mon attitude. S'il me surprenait affaissée dans une rêverie douloureuse, je me levais, je courais au piano, et je jouais une valse ou une fanfare de chasse. Si, profitant de ce qu'il ne me voyait pas, je m'oubliais à le contempler, dès qu'il tournait les yeux vers moi, j'affectais d'admirer mon éventail ou d'arranger mes rubans. Quand, malgré moi, j'avais pleuré, je me cachais comme un enfant coupable. Enfin, je me défendais de trop penser à lui comme si c'eût été une infraction au devoir que d'adorer mon mari.

« Je le redoutais comme un tyran, bien qu'il fût d'un caractère égal et d'une parfaite politesse à tous les moments de la vie. Je ne pouvais me confier à personne; ma mère m'eût grondée, mon père m'eût raillée. Mes frères et sœurs, tous établis et occupés de leur propre existence, m'eussent engagée à me contenter de la mienne, qui leur paraissait splendide; mes sœurs m'enviaient mon titre. Je vivais donc dans la solitude de l'âme la plus effrayante, avec un secret dont l'aveu eût achevé d'éloigner et de refroidir l'objet de mon culte. »

— Eh bien! dit la Mozzelli en interrompant la duchesse, je trouve votre histoire plus navrante et plus sombre que la mienne! Est-il possible qu'après un pareil mariage, vous qui avez trouvé cela au faîte de la société, vous défendiez les hommes contre mes reproches ?

— Prenez patience, répondit la duchesse; je vous prouverai peut-être que j'avais tort et que mon mari avait raison.

— Vraiment? dit Constance d'un air de doute.

— Laissez-moi raconter, et vous conclurez. Mon duc n'était pas une âme de glace. Il aimait. Seulement, ce n'est pas moi qu'il aimait, et ceci ne dépendait pas de lui.

« Il aimait une danseuse de l'Opéra, une créature charmante, une déesse : vous voyez, Sofia, que toutes les grandes dames ne sont pas injustes envers leurs rivales, même quand elles sont au théâtre. La première fois que je vis danser cette péri, je l'admirai sans réserve et je me retournai instinctivement vers le duc. Il se retenait d'applaudir, mais il était horriblement ému ; un tremblement convulsif agitait ses mains gantées ; des larmes, de vraies larmes coulaient de ses beaux yeux noyés dans l'ivresse... Que voulez-vous ? cette divinité avait fait une si étonnante pirouette ! »

— Étiez-vous déjà philosophe à ce point-là? dit mademoiselle Verrier.

— Non, à coup sûr, répondit la duchesse, mais j'étais douce et résignée, habituée d'ailleurs à me vaincre et parfaitement rangée au joug des convenances. Je ne fis paraître aucune surprise, aucun dépit, et le duc ne se douta pas de ma découverte.

« — Vous êtes-vous ennuyée à l'Opéra? me dit-il quand nous fûmes en voiture.

« — Je ne m'ennuie jamais où vous êtes, lui répondis-je, et, d'ailleurs, c'est très-beau, l'opéra de ce soir. Mademoiselle *** est un type de grâce et de poésie, ne trouvez-vous pas?

« — Je ne sais trop ; est-ce qu'elle a bien dansé aujourd'hui?

« Cette dissimulation acheva de m'éclairer, et je n'eus pas besoin de chercher d'autres preuves.

## VIII

« Ma douleur fut immense, mais elle resta à peu près muette. Je n'eus d'épanchement que deux ou trois mois plus tard, c'est-à-dire après la naissance de ma fille. La froideur que mon mari témoigna à cette pauvre enfant, me jeta dans une sorte d'exaspération dont je faillis mourir. C'est alors que j'ouvris mon cœur à une vieille amie, assez négligée jusque-là, mais qui sut provoquer et gagner ma confiance à propos.

« C'était la marquise de... (il est convenu que nous ne nommons personne). Elle m'avait tenue sur les fonts ; c'est à elle que je dois le singulier prénom de Sibylle, et, comme elle était fort cassée, petite, sèche, laide, mais active et fûtée, quand on nous voyait causer ensemble, on disait que la princesse Gracieuse consultait la vieille fée sa marraine.

« Quand elle m'eut arraché l'aveu de mes peines : — Eh bien ! me dit-elle, où en êtes-vous maintenant avec ce perfide ? l'aimez-vous encore ?

« Je lui racontai fidèlement tout ce qui s'était passé en moi depuis le jour funeste où j'avais saisi la vérité. D'abord, je n'avais eu que du chagrin et point de colère contre ma rivale. Je m'étais défendue de la maudire et de la mépriser. C'était un effet de la crainte que m'inspirait encore mon mari. Je m'imaginais qu'il lisait mes pensées à travers mon cerveau, et que s'il y surprenait de l'aversion contre sa maîtresse, il commencerait à me haïr franchement. Je ne voulais pas compromettre la bonne petite amitié qu'il me témoignait.

« Peu à peu je me fis une telle idée de la puissance de cette femme, que je ne pensai plus à elle sans terreur. Je me sentais l'ennemie et le fléau de ces deux êtres, et je me faisais toute petite pour échapper à leur aversion. Je tremblais quand j'entendais nommer cette danseuse en présence du duc, et je croyais sentir ses yeux sur les miens, bien qu'il n'eût aucun soupçon de mon malaise.

« Puis, cette souffrance comprimée devint si vive qu'elle tourna à l'amertume. Durant la fin de ma grossesse, qui fut assez pénible, ne sortant plus et passant beaucoup d'heures dans ma chambre, je m'avisai de lire des romans. C'était comme une première vengeance que j'exerçais en cachette contre mon mari. Je dévorai Balzac et plusieurs autres; je ne m'intéressais qu'à ce qui avait du rapport avec ma situation, mais je m'y intéressais si vivement que j'arrivais à m'oublier moi-même pour pleurer sur le sort des femmes trompées.

« En racontant ces détails à la marquise, je conclus par un aveu qui arrivait à mes lèvres sans que mon cœur eût encore osé le formuler; et cet aveu, c'est que je n'aimais plus le duc, et que même je craignais d'arriver bientôt à le haïr autant que je l'avais aimé.

« — Ah! voilà justement ce que je prévoyais! répondit ma vieille marraine. Vous vous jetez dans les extrêmes, et vous tombez dans le faux pour ne pas dire dans le mal! Le duc avait raison, vous êtes née romanesque, et vos lectures vont achever de vous perdre, à moins que vous ne suiviez mes conseils.

« — Quels conseils? dites, j'essaierai!

« — Eh bien! voilà! Prenez-moi M. de Balzac, M. Dumas, M. Alphonse Karr, M. Eugène Sue, M. Frédéric Soulié, *e tutti quanti,* et jetez-moi au feu tout ce monde-là. Ce sont des exaltés, des fous, des amants de l'impossible, des *abstracteurs de quintessence.* Lisez-moi de bons vieux livres, non pas les romans jacobins du siècle dernier, qui sont encore pis que ceux d'aujourd'hui; mais des mémoires de l'ancienne cour, les faits et gestes de la saine galanterie depuis Louis XIII jusqu'à la fin de Louis XV le Bien-Aimé. Je ne vous dis pas de suivre à la lettre le système des trop promptes et des trop nombreuses consolations; vous êtes vertueuse et vous le serez peut-être longtemps; mais, puisque vous avez besoin, pour oublier vos ennuis actuels, de vous nourrir le cerveau d'aventures, lisez au moins des aventures arrivées, et non pas rêvées ou arrangées par vos écrivains à la mode. Connaissez le monde réel et le cœur humain tel qu'il est. Quand vous saurez que les plus belles et les plus nobles femmes de tous les temps ont été trompées ou délaissées pour des péronnelles, qu'elles en ont souffert comme vous en souffrez, mais qu'elles n'en sont pas plus mortes que vous n'en mourrez, et même qu'après s'être beaucoup consolées, — quelques-unes un peu trop! — elles ont encore été trahies; qu'elles s'y sont habituées, qu'elles ont fini par en rire et par jouer le même jeu par droit de représailles : enfin, quand le roman véritable, le roman de l'histoire vous montrera les reines, les princesses, toutes les héroïnes du vrai grand monde combattre bravement, tantôt avec prudence, tantôt à leurs risques et périls, pour conserver, à travers toutes les trahisons de l'amour, les seuls avantages sérieux de la femme, à savoir, la beauté, l'éclat de la position, les triomphes d'un juste orgueil et surtout la jeunesse le plus longtemps possible, vous réfléchirez, vous comparerez, vous choisirez votre modèle et vous vous ferez une philosophie.

« Je priai la marquise de résumer d'avance cette philosophie, dont elle avait sans doute fait usage pour son propre compte, et qui, énoncée clairement, serait pour moi un fil conducteur dans le labyrinthe de mes lectures.

« — Non, non, dit-elle, ce que vous demandez n'est pas possible. Chacun puise dans la lecture et dans la réflexion la dose de sagesse dont il a besoin, pour tirer ensuite de l'expérience la dose de hardiesse ou de prudence dont il est capable. Je n'ai jamais été belle, et vous l'êtes. Je n'ai été que piquante et fine; vous êtes imposante et sentimentale. Ce qui m'a servi ne vous serait bon à rien. C'est à vous de trouver ce qui convient à vos penchants et à votre manière d'être. Soyez tranquille! cette découverte se fera d'elle-même à mesure que vous vous instruirez.

« Je commentai l'oracle mystérieux de ma vieille sibylle. Mais j'étais encore trop jeune et trop naïve pour le pénétrer. Je suivis son conseil; je lus tous les pamphlets, tous les mémoires, toute l'histoire secrète des anciennes cours, et, chose remarquable, mon mari, qui eût jeté par la fenêtre les romans modernes comme une funeste apologie de l'amour idéal, me vit sans inquiétude creuser les annales de l'audacieuse galanterie de nos aïeules. Il approuva même cette étude, et je pus m'y plonger sans cacher les volumes au fond de ma chiffonnière lorsque j'entendais sa voix dans l'antichambre.

« Tout ceci m'effraya d'abord, et je faillis jeter là ces livres effrontément véridiques, destructeurs de toute poésie, contempteurs de tout enthousiasme. Il me fallut bien de la volonté pour accepter les poëmes et les héros de la réalité. Il me semblait, au commencement, que tout cela était mensonge ou commérage ; c'est qu'en effet le vrai n'est pas le vraisemblable, et que, pour trouver le beau en ce monde, il faut fermer les yeux et regarder des ombres chinoises dans sa propre imagination.

« On se fait à toute nécessité. Pour moi, c'en était une impérieuse que de connaître la vie comme elle est ; car, malgré tout ce qu'on nous dit du progrès de notre siècle, je suis de ceux qui croient que les mœurs n'ont pas changé. On est plus hypocrite, voilà tout. Franchise ou malice, le règne des passions est absolu et fatal. Il n'y a que la manière de s'en servir qui varie. »

Ici la duchesse s'interrompit pour rire de la figure de mademoiselle Verrier, qui était encore plus étonnée et plus soucieuse qu'elle ne l'avait été durant le récit de la Mozzelli.

— Si vous me faites cette moue-là, lui dit-elle, je ne serai qu'à moitié sincère dans ma narration, tandis que je l'eusse été aux trois quarts, si vous n'aviez fait aucune objection.

— Je n'en fais pas, j'écoute, répondit Constance ; vous n'en êtes qu'aux préliminaires, et j'aurais mauvaise grâce à protester d'avance.

« Quand je revis ma marraine, reprit madame d'Évereux, qui se tint dès lors pour avertie, j'étais résignée sur nouveaux frais. Je lui avouai que mon instruction m'avait coûté beaucoup, puisqu'il avait fallu sacrifier de riantes chimères et renoncer à rencontrer des hommes parfaits dans la vie; mais je convins aussi de l'effet salutaire de mon désenchantement. Je ne haïssais plus le duc, il n'était plus à mes yeux un ingrat, un despote, un fléau; c'était un homme comme les autres, ou tout au moins comme la plupart des autres, et même infiniment meilleur que beaucoup de ceux qui composent cette majorité d'emportés, de blasés ou de curieux.

« L'égoïsme était la loi du monde, je le voyais bien et je la subissais aussi, moi qui ne me réjouissais pas du plaisir que mon mari goûtait dans les bras d'une autre. Si j'avais été dévouée dans toute l'acception du mot, je n'aurais pas souffert de son infidélité; or, ne pouvant me flatter de vaincre en moi la nature au point de chérir la belle personne qui le rendait heureux, je devais prendre mon parti, tuer dans mon cœur un amour inutile et importun, rendre justice aux bonnes qualités de M. le duc, me contenter de son amitié et m'abstenir de tout reproche qui eût amené la discorde dans notre intérieur.

« — Vous voilà enfin dans le vrai, s'écria un jour ma marraine enchantée; je savais bien que, dans un bon esprit comme le vôtre, les idées saines prendraient le dessus. Si vous eussiez suivi la mauvaise pente du roman, vous étiez perdue, vous querelliez le duc, vous le forciez de quitter sa maison, vous cherchiez la vengeance, vous vous jetiez dans le scandale des procès ou dans les bras d'un exalté qui vous compromettait bien vite, comme font tous ces gens-là; votre mari se battait avec son rival; on vous le rapportait mort ou blessé, ou bien il tuait votre amant et vous faisait enfermer dans quelque monastère. Voilà une famille décriée, des enfants abandonnés, une réputation perdue! Oui, voilà où vous conduisaient les fables, et voilà de quoi vous a préservée l'histoire!

« — Eh bien, maintenant, dis-je à la marquise, me voilà soumise, me voilà calmée; mais qu'est-ce que je vas devenir, moi?

« — Ma chère enfant, répondit-elle d'un air pincé, et avec un sourire profond, vous allez élever avec amour votre petite fille, et surtout lui enseigner la raison! Vous allez conserver une excellente renommée; que dis-je? vous allez l'acquérir; car le monde sait bien que votre époux dédaigne vos perfections pour s'abrutir dans les ronds de jambe, et votre sagesse brille d'autant plus qu'elle est moins appréciée par lui. Vous allez être en vue pour cela, et on vous trouvera d'autant plus charmante que votre rivale est marquée de la petite vérole et plus âgée que vous de dix ans. Enfin, vous allez être belle, vraiment belle, comme le sont les femmes qui ont un peu aimé, un peu souffert, un peu pleuré, et qui se sont arrêtées à temps. Ne vous eussé-je pas rendu d'autre service que celui de conserver vos yeux purs et votre teint uni, je serais encore une bonne fée pour vous, puisque le premier don des marraines à baguette, c'est toujours la beauté.

« La beauté, ma chère! Vous me demandez ce que vous allez devenir, et vous avez le premier des biens! Une femme belle est toujours heureuse, croyez-moi, soit qu'elle enchaîne mystérieusement à ses pieds quelques hommes de mérite, soit qu'elle se contente de faire enrager les autres femmes et d'absorber tous les regards. N'attendez pas de moi de mauvais conseils; je ne vous en donnerai qu'un, qui est bon, à quelque sauce qu'on le mette : c'est d'être fort prudente, parfaitement maîtresse de vous-même, et de respecter les convenances, les apparences si vous voulez, comme l'arche sainte de notre bonheur et de notre liberté. Je ne veux pas sonder les besoins de votre cœur, j'ai la main trop vieille et tremblotante : je ne saurais pas bien distinguer les sentiments secrets qui couvent là sous les ailes du silence. Ne m'en dites pas un mot, et s'il y a, tôt ou tard, éclosion, cachez bien, même à moi, ces indiscrets petits amours que l'on ne doit jamais mettre en nourrice. Ne vous fiez à la discrétion de personne, et souvenez-vous que la Sibylle est votre marraine.

« Je suivis ce bon conseil, je le suis encore, et voilà pourquoi mon histoire est finie. »

— Finie! déjà? s'écria la Mozzelli; finie avant d'être commencée?

— C'est une histoire d'amour que vous vouliez? reprit la duchesse. Eh bien! il me semble qu'elle a été complète. Si je n'ai eu qu'un amour dans ma vie, — c'est peu, j'en conviens, — ce n'est pas ma faute. J'ai aimé mon mari, lui seul, et pourtant...

— Pourtant, dit la cantatrice, vous avez essayé d'en aimer au moins un autre ?

— J'ai essayé d'en aimer plusieurs autres. Je ne suis pas forcée de vous dire si j'ai poussé loin l'expérience. Ceci ne regarde que moi, et je trouve conforme à la pudeur de mon rang et de mon état dans le monde qu'une femme ne raconte pas si son cœur a battu plus ou moins de désir ou de joie, à moins qu'il ne s'agisse de son mari; et, sur ce point, j'ai été aussi explicite que vous pouviez le désirer. Je vous ai raconté l'invasion d'un trouble mortel et délicieux qui prit d'autant plus d'énergie, qu'à peine avoué, il fut repoussé et froissé. Donc, moi aussi, j'ai connu l'amour, ses langueurs, ses jalousies, ses larmes et ses rêves sans fin. Mais j'ai reconnu à temps que ce prétendu bienfait du ciel était une effroyable maladie de l'âme, et si j'ai une obligation quelconque envers la mémoire de mon cher duc, c'est que cet homme raisonnable et courageux ne m'ait point leurrée d'un faux espoir. Dès le début, il a eu l'esprit et la loyauté de me dire : « Arrêtez-vous, je ne veux pas d'amour dans ma maison. » Bien que l'arrêt fût fort cruel, il a chassé le mal de mon cœur et m'a préservée des passions auxquelles, toute duchesse que j'étais, je me sentais aussi disposée et aussi exposée alors que la première venue.

— Donc, j'avais raison, dit la cantatrice, les hommes ne savent point aimer. Il y a toujours, dans la vie d'une femme, un homme qui remplit l'horrible mission de tuer l'amour dans son cœur. Dans ma vie à moi, il y a eu un lâche assassin, le vieux patricien de Gênes; et dans la vôtre, madame la duchesse, il y a eu un meurtrier brutal, M. le duc d'Évereux.

— Ou une empoisonneuse comme la Rita de Recco, ajouta Constance; je veux dire la vieille marquise!

— Bah! bah! bah! répondit la belle Sibylle en se renversant nonchalamment sur son fauteuil avec un rire superbe; ces meurtriers-là sont peut-être d'habiles médecins qui nous délivrent d'un parasite funeste. L'amour, tel que vous l'entendez, chères belles, est une espèce de champignon vénéneux, produit d'une civilisation malade. Lisez certains raisonneurs modernes, et vous verrez que les lyristes de l'amour sont les vrais empoisonneurs qu'il faut pendre. L'aphorisme est brutal, j'en conviens. Moi, je ne suis pas si en colère que ces messieurs-là, contre les pauvres croyants qui se trompent de siècle, et je ne les exilerais que dans les planètes où règne l'âge d'or, s'il y a encore de ces planètes-là dans l'azur du ciel. Je n'ai pas de raison pour haïr ceux qui rêvent et ceux qui chantent : cela prouve qu'ils vivent. Je ne suis pas non plus pour ou contre les morts ou les impuissants; je ne les plains ni ne les envie. Ils sont ce qu'ils sont. Destinés à dire *non*, ils représentent, dans la création, l'antithèse nécessaire du *oui*. Je ris de tous les systèmes et je tolère toutes les manières de voir et d'exister. Mais je vous dis, avec connaissance de cause, qu'il n'y en a qu'une bonne : c'est celle qui chasse l'inconnu de son sanctuaire, et qui ne demande à la vie que ce qu'elle peut donner sans anomalie et sans cataclysmes.

— Quoi donc? dit Constance attentive.

— Eh! mon Dieu! l'amour... je ne veux pas dire l'amour *vrai,* puisque les poëtes du désespoir attachent à ce mot-là une idée superbe et fantastique, mais l'amour réel, toujours vieux et toujours jeune, riant, tranquille, point trompeur et point dupe, nullement despote, assez vif et assez naïf pour être un peu jaloux dans la possession, mais assez philosophe et assez éclairé pour se retirer sans vengeance d'une situation épuisée, et pour se rattacher à des liens nouveaux. Avec cet amour-là dans la pensée, une femme d'esprit et de cœur pourrait être fort heureuse, si elle savait s'entourer d'amis sûrs et choisis, jaloux de respecter la dignité de sa position, jaloux aussi d'obtenir sa préférence à un jour donné, mais trop peu romanesques, c'est-à-dire trop bien élevés pour la compromettre en s'égorgeant les uns les autres, quand elle les rappelle à l'amitié calme encadrée dans le charme du souvenir.

— Ce que vous nous dépeignez là, dit Constance d'un ton sévère, qu'elle s'efforçait en vain d'adoucir par un air de badinage, c'est l'amour philosophique, ce sont les mœurs de la régence !

— Il me semble aussi, à moi! dit la cantatrice avec un mouvement d'orgueil : il y a de bien méchantes et de bien folles passions, je le sais; je n'ai pas toujours su m'en garantir ; mais la tranquille galanterie... ela m'a toujours fait peur. Tuer l'amour dans un jour d'ivresse furieuse, c'est un grand crime ; mais le tuer de sang-froid, à coups d'épingles, avec préméditation... qu'est-ce que c'est donc, mademoiselle Verrier ?

— C'est, je crois, répondit Constance avec une fière rougeur au front, ce que l'on appelle la sensualité.

— Allons ! allons ! reprit la duchesse, ne voilez point vos faces augustes, prêtresses de l'idéal ! Je ne vous ai rien dit de moi, et peut-être mon apothéose de feu Cupidon n'était-elle ici qu'une fiction pour vous exciter à parler. Voyons, chère Constance, donnez-nous donc enfin une bonne définition de Sa Majesté l'Amour au XIX$^e$ siècle !

## IX

Constance se récusa encore.

— Si votre système n'était qu'une fiction, dit-elle à madame d'Évereux, il est fort inutile de le réfuter. Tout comme une autre, je sais rire d'une plaisanterie, et je ne veux pas faire ici la petite niaise de quinze ans. J'en ai vingt-cinq, et je sais fort bien que le monde est plein de femmes prudentes qui ont pour excuse à leur hypocrisie l'hypocrisie de leur temps. Je ne les brûle pas, mais je ne leur parle guère.

— Aimez-vous mieux, dit la duchesse piquée, celles qui jettent leur bonnet par-dessus les moulins ?

— Moi, je les aime mieux, répondit hardiment la Mozzelli.

— On pourrait vous dire, ma chère, reprit madame d'Évereux : *Vous êtes orfèvre, monsieur Josse* : mais que ceci ne vous fâche pas plus que ne me fâchent vos invectives. Nous sommes ici, non pour nous quereller, mais pour philosopher; non pour décerner le prix Monthyon à la conduite de l'une de nous, mais pour chercher ensemble le meilleur système; car, enfin, il en faut un, n'est-ce pas? vu que les sophistes auront beau dire, on ne supprimera jamais l'amour. Vous prétendez, chère Sofia, qu'il est tout supprimé par le fait des hommes de ce temps; et moi, je le nie! Et même, je vous déclare que je crois avoir été beaucoup aimée, et plus d'une fois dans ma vie.

Je le suis peut-être encore, qui sait? Il n'est pas nécessaire de s'accuser et de mettre les points sur les *i*, pour avoir une conviction à émettre. Et quand je me tromperais, qu'importe? Je me crois aimée, donc je le suis. L'ingratitude de mon mari envers moi n'est pas un argument contre le sexe barbu. Il aimait sa ballerine avec fureur. Il est peut-être mort de chagrin d'avoir été, je ne dis pas trahi par elle — il s'y était habitué — mais abandonné sans retour. Le fait est qu'il a succombé à une fièvre cérébrale peu de temps après, et que, dans son délire, le pauvre homme me criait, croyant s'adresser à sa faiseuse d'entrechats :
« — Trompe-moi encore, trompe-moi toujours, mais ne me chasse pas ! » Donc, il était en proie à une pas-

sion réelle, terrible, et, si quelque chose m'a appris à me préserver de ces passions-là, c'est justement le spectacle de celle-ci.

— Mais, dites-nous donc, sans plaisanterie cette fois, votre véritable philosophie? dit mademoiselle Verrier. Si vous voulez philosopher, il ne faut pas railler.

— Eh bien, mais, reprit la duchesse, il y avait du vrai au fond de mon hyberbole. J'ai fait l'éloge de la prudence qui est la chose absolument nécessaire, à moins que l'on ne chérisse le scandale, et moi je le déteste; mais je n'ai pas fait, pour cela, l'éloge de la débauche. Je n'ai pas vanté la régence, bien que vous m'en ayez gratuitement accusée. J'ai parlé des liaisons sûres, des affections douces, fidèles autant que possible. Si, au nom de la haute morale, vous venez m'excommunier, je me tais. J'ai le malheur de n'être pas dévote, et, quant à la loi civile, comme elle n'atteint que les faits accomplis et patents, comme aucun procureur et aucun magistrat n'a le droit de venir me demander ce qui se passe dans mon cœur ou dans ma tête, je ne vois pas où serait mon hypocrisie. Le silence que la morale publique vous oblige à garder n'a rien de perfide, et je trouve même qu'il y a quelque chose d'indécent à s'afficher. Si madame l'abbesse Héloïse revenait au monde, on la trouverait impertinente ou ridicule.

— Non pas à mes yeux, dit Constance. Je m'imagine que les grandes et belles passions ont fort bien fait de remplir le monde et de traverser l'histoire. On ne cache que ce qui est facile à cacher, c'est-à-dire ce qui est tout petit : un billet doux, une aventure, un caprice ! Mais cachez donc un temple ou une montagne, un monde d'émotions, une passion toute-puissante ! Ça ne me paraît guère possible, et tout sentiment qui subit aisément le joug de la raison, toute affection qui est strictement subordonnée à la convention de l'usage, doit être très-peu de chose, en vérité ! Alors, on fait fort bien d'y mettre de la pudeur, et les amourettes mystérieuses sont un progrès sur les désordres effrontés. Seulement, je crois qu'il serait encore plus sûr, et presque aussi facile, de s'abstenir de ces fantaisies qui tiennent si peu de place dans la vie d'une femme prudente.

— Oh ! oui-da ! répondit vivement madame d'Évereux, vous en parlez à votre aise, mais en personne qui n'y entend rien du tout. Il y a, dans ce que vous appelez fantaisies, des émotions violentes et des ardeurs irrésistibles. Je ne prétends pas les connaître par moi-même, mais j'ai assez vu le monde, j'ai été liée avec assez de femmes pour savoir que, sur ce terrain-là, on ne marche pas toujours facilement à pas de fantôme. On a beau graisser les portes et mettre de la ouate sur les tapis, les nerfs sont quelquefois ébranlés si fortement qu'on est bien près de se trahir soi-même.

« J'ai connu une personne qui m'a dit avoir dépensé plus de peine et de fatigue pour ne pas laisser deviner ses fantaisies qu'il ne lui en eût fallu pour bâtir une cathédrale. Et qui vous dit, d'ailleurs, que le cœur ne fût pas de la partie? Elle ne se piquait, comme feu Ninon, que d'unir le plaisir à l'amitié ; elle bannissait les grands mots de son vocabulaire ; mais elle était bonne, serviable, dévouée, indulgente, courageuse dans ses opinions, généreuse dans ses triomphes. Ces femmes-là sont les plus aimables et les meilleures de toutes les femmes, c'est bien connu.

« Et savez-vous pourquoi j'estimais particulièrement celle dont je vous parle? C'est parce qu'elle joignait une saine intelligence à une grande volonté. Tout ce qu'elle déployait de finesse, de persévérance, d'habileté, d'empire sur elle-même pour se satisfaire sans blesser personne et sans porter atteinte à la dignité de sa position, est inimaginable. Elle a eu les plus brillantes conquêtes et les plus piquantes aventures de roman, et nul n'a jamais pu dire qu'elle eût manqué aux plus austères convenances. Elle n'était pas toujours heureuse dans sa lutte terrible contre cet œil du monde, qui n'est pas le soleil, mais l'opinion. Elle rencontrait des obstacles, elle côtoyait des périls extrêmes. Mais elle avait les consolations intérieures de la puissance assouvie. Elle se sentait forte, ardente et raisonnable en même temps, assemblage si rare que je défie qu'on me montre sa pareille! »

Constance et Sofia se regardèrent involontairement à la dérobée, pendant que la duchesse parlait avec animation. Toutes deux sentirent que c'était d'elle-même qu'elle parlait, et toutes deux éprouvèrent une sorte de frayeur en devinant une pareille énergie dans un être aux formes si rondes et aux manières si moelleuses.

« Eh bien, reprit la duchesse, sans remarquer leur émotion ou sans en prendre souci, la raison de cette femme, c'est-à-dire sa force, venait peut-être d'une saine notion de l'amour. Elle ne demandait point aux hommes ce qu'ils n'ont pas, l'idéal ! Elle savait que le feu sacré brûle un instant dans une âme émue, mais que la vie est tiède, prosaïque, assez mesquine pour tous, hommes et femmes. Elle savait bien être une exception, mais elle ne s'en prévalait pas pour tourner à la misanthropie. Elle pensait que ses semblables eussent été aussi forts qu'elle, s'ils eussent fait les mêmes réflexions et s'ils eussent abandonné résolûment deux erreurs graves : la première consistait, selon elle, dans cette soif des sublimités irréalisables qui rend les gens romanesques insatiables de bonheur; la seconde, dans cette grossièreté des plaisirs sans choix qui dégrade l'esprit et le caractère. Elle passait au juste milieu, souriante, convaincue, accessible à la pitié, encourageante pour le mérite, artiste dans sa propre vie, et résumant toute sa doctrine en un seul mot qui, bien compris, est peut-être l'alpha et l'oméga de l'amour : ce mot, c'est *volupté*.

« Voyons, ma chère Mozzelli, ajouta la duchesse en se tournant vers la cantatrice et en la fascinant de son œil bleu, limpide comme le fond d'un lac : vous vous imaginez donc avoir fait autre chose, dans votre vie de fièvre et d'épuisement, que de chercher la volupté qui vous fuyait? Eh bien, moi, je déclare que vous n'aviez pas d'autre idéal, et que vous ne pouviez pas l'atteindre parce que vous le cherchiez à contre-sens. Encore aujourd'hui, votre rêve est de trouver un demi-dieu qui vous chérirait sans partage, et à qui vous pourriez être fidèle sans grand mérite, car ce doit être agréable et préférable à tout, j'en conviens, la société d'un demi-dieu!

« Mais il n'y en a pas, vous le savez bien, et quand vous vous êtes confiée à de simples mortels, vous ne pouviez pas leur demander autre chose que de jouer la comédie de l'enthousiasme pendant cinq ou six jours. C'était même beaucoup, et vous n'en avez peut-être rencontré aucun qui pût se maintenir sur ces échasses pendant cinq ou six heures; tandis que si vous n'eussiez demandé que ce que vous avez trouvé, c'est-à-dire le plaisir, vous eussiez pu changer moins souvent et ne haïr personne. Votre vie racontée tout à l'heure n'est qu'une suite de malédictions et par conséquent d'injustices. Aucun de vos souvenirs ne trouve grâce devant vous, et vous arrivez à vous mépriser vous-même pour avoir été si souvent dupe. Mais ce ne sont pas vos amants, ce sont vos chimères qui vous ont dupée. Parmi tous ces messieurs-là, beaucoup peut-être valaient mieux que vous; car, au fond, ce que vous vouliez, c'était de l'idolâtrie, et personne en ce monde ne mérite un culte, pas plus l'innocence, qui n'a pas conscience du bien et du mal, que l'épuisement du cœur, qui arrive au même résultat. »

— Vous êtes très-forte sur cette thèse, dit mademoiselle Verrier, prenant la parole à la place de l'artiste qui paraissait épouvantée et peut-être ébranlée par la certitude raisonnée de madame d'Évereux : je n'ai pas l'expérience nécessaire pour la rétorquer catégoriquement, mais il faut que je vous avoue ceci : je comprendrais plus volontiers l'existence tourmentée et condamnée de Sofia, que je ne comprends la vie triomphante de votre amie anonyme. Que la Mozzelli ait été injuste en exigeant trop, c'était mon avis tout à l'heure; mais, depuis que vous m'avez montré les rayonnements de votre indulgence, je m'intéresse davantage à la recherche ardente de cette ambitieuse. Fièvre pour fièvre, fatigue pour fatigue, déception pour déception, je comprends mieux l'artiste qui aspire à un rêve de félicité et de fidélité sublimes, que la raisonneuse qui se contente d'une intimité positive et passagère. Du côté de cette dernière, je vois, — j'y persiste, ne vous en déplaise ! — une hypocrisie effrayante, le mensonge de la fausse pudeur et l'orgueil de la solitude intellectuelle. Si cette femme forte était là, je lui dirais qu'elle a méprisé tous les hommes qu'elle a honorés de son choix, et si j'étais homme moi-même, si, épris de sa grâce et de son merveilleux prestige, je lisais tout d'un coup au fond de sa pensée, je deviendrais froid et me sentirais peut-être fort irrité contre elle.

La duchesse ne se fâcha nullement de cette leçon.

— Si vous étiez homme, répondit-elle, vous ne

seriez pas si fin que cela ! Vous ne liriez pas du tout dans le cerveau d'une femme d'esprit, vu qu'en amour tous les hommes sont très-vains, et un peu bêtes, par conséquent !

— Ah ! vous voyez bien ! s'écria la cantatrice, vous les méprisez bien plus que je ne les méprise ; car, moi, je les accuse après la déception, et vous, vous les raillez et les foulez aux pieds d'avance !

— Ils aiment ça ! reprit en riant la duchesse. Mais qui vous parle de moi ? Je n'ai eu pour amant que M. le duc, mon mari, et si j'ai été avilie une fois en ma vie, c'est par l'honneur qu'il m'a fait de dormir à mes côtés en rêvant d'une dévergondée ! Je le lui ai pardonné, et vous, vous ne pardonnez à qui que ce soit. Je suis donc, sinon aussi sublime que vous, mademoiselle Mozzelli, du moins meilleure personne. »

Ceci fut dit d'un ton sec et hautain qui n'avait pas encore paru chez la duchesse.

— Eh madame ! lui dit la Mozzelli, dont les yeux se remplirent de larmes, vous êtes bien cruelle sans en avoir l'air, car voilà que vous me raillez. J'aime mieux les duretés franches de la Costanza !

— Allons, allons, reprit la duchesse en lui donnant un baiser au front, voilà que vous avez mal aux nerfs ; nous vous avons trop parlé toutes deux, et trop remué les cendres du passé. Ce serait à mademoiselle Verrier de nous distraire de nos peines en nous parlant un peu d'elle-même, et, si elle voulait nous raconter aussi l'histoire de ses pensées, si vagues et si incertaines qu'elles soient ; de ses émotions, si virginales qu'elles doivent être... Voyons, Constance, est-ce que vous allez décidément rester là comme une statue d'Isis ? Est-ce que vous ne détacherez pas une de vos bandelettes sacrées, ne fût-ce que pour en secouer le parfum dans notre atmosphère corrompue ?

— Non, madame, répondit Constance, cela ne vous intéresserait pas, mes secrets de pensionnaire. Je suis une vierge, moi, vous l'avez dit, et encore à l'état d'innocence où l'on ne distingue probablement pas le bien du mal. J'aime quelqu'un que j'épouserai quand les circonstances le permettront, voilà toute mon histoire, elle tient en deux mots comme vous voyez !

— Oh mais ! s'écria la duchesse, ces deux mots-là dans votre bouche sont grands comme le monde ! N'est-ce pas, Sofia, que cela donne une curiosité extrême de savoir quel genre d'amour subit une âme si fière et si pure ? Constance, il faut nous raconter cela, ou bien je croirai que vous êtes justement de ces personnes prudentes que vous excommuniez et dont l'amour est si petit, si petit, qu'elles peuvent le cacher dans leur poche comme un billet doux. Je vous prends par vos propres paroles, j'espère ! et j'oserai ajouter que vous êtes si mystérieuse à cet endroit-là, qu'on pourrait bien vous juger dissimulée.

— On n'est pas dissimulée pour être mystérieuse, et je suis peut-être mystérieuse, en effet, répondit Constance. C'est mon droit; je suis entièrement libre, et mon choix est très-convenable. Je n'aimerais pas à mentir, et peut-être ne m'y croirai-je jamais forcée ; mais j'aime à me taire, et je me sens moins que jamais disposée à parler de moi, du moment que votre moquerie m'interroge comme un oracle.

— C'est-à-dire, reprit madame d'Évereux, que vous ne nous jugez pas dignes de vous entendre ?

— Eh bien ! dit la Mozzelli, elle a raison. Qu'elle ne dise rien ! Nous sommes indignes de sa confiance, c'est vrai ; moi mauvaise fille, pour avoir mal aimé ; vous, belle duchesse, pour n'avoir pas aimé du tout !

— Et qui vous prouve qu'elle aime bien ? reprit la duchesse. Elle est fort prude, voilà tout ce que nous savons d'elle. Tenez ! laissons-la dans son orgueil, notre délicieuse Vestale, ou dans sa frayeur ! car le feu sacré n'est pas facile à entretenir et elle fera bien de veiller ! Je crains, moi, qu'elle ne joue une grosse partie. Aimer depuis longtemps, en attendant le mariage, c'est-à-dire languir, rêver, s'exalter dans la souffrance, c'est se préparer d'effroyables déceptions ! Prenez garde, chère Constance, que votre fiancé ne soit en ce moment, comme était jadis le mien, dans les coulisses de l'Opéra !

— Oh ! pour cela je ne crains rien, répondit Constance en riant.

— Il est donc bien loin d'ici ?

— Je vous ai dit que je ne voulais rien dire !

— Alors, bonsoir ! voilà qu'il est minuit et ma belle-sœur m'attend pour aller au bal. Ah ! mon Dieu, quand je pense que je ne suis pas habillée !

La duchesse embrassa Constance et partit très-vite en lui remettant son adresse en Angleterre, dans le cas où elle aurait des commissions à lui donner. Elle prit à peine le temps de dire bonsoir à la Mozzelli et ne lui offrit pas de la reconduire, pensant, disait-elle, qu'elle avait aussi sa voiture dans la cour. Elle montrait beaucoup d'impatience de s'en aller, après avoir semblé oublier complétement qu'elle fût attendue. Le fait est qu'elle avait espéré confesser mademoiselle Verrier et qu'elle reconnaissait s'y être mal prise. Elle en avait du dépit et sentait son amitié pour elle tourner un peu à l'aigre. Acharnée désormais à trouver le défaut de l'armure de cette Amazone qui l'avait vaincue, elle se disait avec raison que Constance se défendrait moins avec la Mozzelli, et qu'à Londres, un jour ou l'autre, la Mozzelli serait probablement facile à faire parler.

## X

Aussitôt que la duchesse fut sortie, Sofia, partant d'un éclat de rire nerveux, se sentit soulagée d'une singulière oppression.

— Eh bien! dit-elle, il me semble qu'elle n'a pas eu grand succès ce soir, ici, la belle Sibylle! Savez-vous, chère Constance, que je ne l'aime plus depuis un quart d'heure, et qu'elle me fait l'effet d'une chatte merveilleuse, blanche comme lait, mais armée de griffes terribles sous ses doigts de velours?

— Soyez plus indulgente, répondit mademoiselle Verrier; elle a souffert avant d'en arriver là, et elle a écouté de mauvais conseils. Préservez-vous des siens, et aimez-la pour les bonnes qualités qu'elle a, d'ailleurs.

— Ah! Constance! vous avez la mansuétude des gens heureux, vous! Je ne vous demande rien de votre vie. Je sens que ma curiosité serait une profanation; mais donnez-moi une solution pour moi, telle que vous me connaissez à présent. Tracez-moi une règle de conduite, et je jure que je la suivrai.

Constance n'était pas en méfiance avec la Mozzelli comme avec la duchesse. Elle la sentait sincère et aimante. Malgré l'heure avancée, elle la garda encore quelque temps au coin du feu, lui parlant avec bonté et s'intéressant réellement à sa maladie morale.

— Je trouve, lui dit-elle, que vous n'êtes pas dans le vrai quand vous établissez une espèce de distinction entre l'âme de l'homme et celle de la femme. Voilà déjà plusieurs femmes que j'entends récriminer ainsi contre les hommes, en se disant d'une essence plus pure et plus exquise. J'ai entendu aussi des hommes s'attribuer naïvement une supériorité de race sur nous et nous reléguer au second rang dans les desseins de Dieu. Eh bien! de part et d'autre, je vois là une impiété révoltante. Dans toutes les espèces de créatures, le mâle et la femelle ne sont ni plus ni moins favorisés l'un que l'autre ; ce sont deux êtres qui ont également besoin l'un de l'autre pour se compléter, et dont l'amour fait une admirable unité ; unité éphémère chez les animaux, durable chez nous, parce que l'intelligence est là pour aider le cœur et les sens à ne pas s'épuiser en un jour. L'amour humain est donc naturellement porté à une aspiration de durée et de choix exclusif dans les âmes saines et le mépris de cette faculté le rapetisse et l'attiédit. Vous savez cela aussi bien que moi, et je suis bien sûre que, dans ces changements trop brusques que vous vous reprochez, vous avez toujours commencé par être de bonne foi et par vous persuader que vous alliez aimer beaucoup et longtemps.

— C'est vrai ; cela a été ainsi, jusqu'au jour où j'ai compris que l'homme avait un tout autre désir et un tout autre besoin, celui de ne pas dépenser son cœur avare et de ne pas compromettre sa liberté égoïste. Vous me parlez des lois de Dieu ! Il s'en soucie bien, lui, l'homme, qui recherche, non pas une femme, mais le plus de femmes possible, afin de n'appartenir qu'à lui-même, c'est-à-dire à son appétit !

— Prenez-vous-en au désordre des idées et au malaise général de la société. Les femmes y ont tout autant contribué que les hommes, les unes en perdant la foi, comme vous, par lassitude ; les autres en l'abjurant par calcul et de parti pris, comme a fait la duchesse. Je conviens que, sous le rapport des relations entre les deux sexes, le monde devient tous les jours plus positif. Cela tient à des préoccupations fatales que ramènent souvent, dans l'histoire, la transition des croyances et l'incertitude des événements. Mon père, qui était un homme clairvoyant et calme, m'avait prédit cette crise et ses progrès. Mais il avait un grand cœur, et il m'enseignait à protester intérieurement, sans tomber dans la haine de mon époque, ce qui est une maladie aussi, soyez-en sûre. Je ne saurais mieux faire que de vous répéter ses paroles. Ce sera mon histoire aussi, à moi !

« Laborieux, habile, probe et sensible, il s'exprimait très-simplement, mais avec une conviction qui s'imposait par la douceur. Il est bon, me disait-il, qu'il y ait dans la vie d'une âme honnête et généreuse des moments d'indignation et même de colère contre le mal. Il lui est permis aussi d'avoir des heures de dégoût et de chagrin profond ; mais il faut se garder de ces émotions prolongées et tendues, où l'excès de nos bons mouvements nous porterait à l'orgueil et au dédain. Il faut que la charité domine tout et guérisse nos blessures par l'espoir généreux de guérir celles des autres.

« Il n'y a que très-peu de mauvais cœurs pris en détail, et beaucoup de mauvaises choses, de déplorables tendances, résultat d'un ensemble troublé et désuni. Le monde moral a, comme le monde sidéral, ses défaillances de lumière. Haïr ses semblables parce qu'ils ne voient pas clair est une injustice dont la vraie bonté n'est pas longtemps capable.

« Et mon père ajoutait, au rebours de la duchesse, qui nous dit que la raison, c'est la force : *la raison, c'est la bonté.* »

— Ah ! vous êtes bien sa fille ! dit avec attendrissement la Mozzelli.

— J'essaie d'être sa fille, et depuis que j'ai perdu cet ami incomparable, c'est-à-dire depuis quatre ans, je consacre fidèlement tous les jours une heure à me rappeler ses paroles, à les écrire à mesure qu'elles me reviennent, et à reconstruire ainsi les années de sa vie où j'ai été capable de le comprendre. Cette heure-là, je la choisis dans ma journée, je l'amène ou je la réserve, afin de n'être pas troublée par les devoirs de la vie courante, et d'y bien trouver ce que j'y cherche, la foi, la charité, l'espérance !

« C'était, en trois mots appliqués à tous ses raisonnements et à toutes ses actions, l'unique doctrine de mon père, et je suis arrivée à me dire comme lui, quand je fais comme lui et devant lui mon examen de conscience, que si j'ai ressenti quelque trouble et négligé de faire quelque bien, c'est pour avoir manqué quelque peu d'espérance, de charité ou de foi.

« Aussi j'applique la religion de mon âme, autant qu'il m'est possible, à mes sentiments généraux et à mes sentiments particuliers. Je ne veux pas me dire : les hommes sont haïssables ; il n'y en avait qu'un bon, c'était mon père ; ou, s'il en existe encore un après lui, c'est mon fiancé, pas plus que je ne veux me dire : il n'y a pas de femmes irréprochables ; ma mère l'était, je le suis, et après nous deux il n'y en aura plus; aimons-nous donc nous-mêmes, et fuyons celles qui s'égarent. Non ! ce n'est pas là ma religion. J'aime tous les hommes et toutes les femmes, même ceux et celles qui ne valent rien du tout, parce que la pitié c'est encore de l'affection. Et, dans cette charité qui m'est devenue habitude, j'ai trouvé pour mon cœur une santé parfaite.

« La santé, c'est la vie dans sa plénitude et dans sa liberté, ma chère Sofia ! Malades, nous ne voyons pas juste et nous perdons la puissance d'aimer. Le cœur tranquillisé et assaini peut seul concevoir un grand amour et l'entretenir fort, même dans la douleur de l'absence. Vous aimez les fleurs, vous savez bien qu'il faut leur choisir la terre, l'air et le soleil. L'amour est la fleur de notre vie. Pour qu'elle y croisse splendide et magnifique, il ne faut pas l'encombrer d'herbes folles, ni attirer autour d'elle les petits oiseaux gourmands qui sifflent et sautillent dans les bosquets de Cythère. Pour cultiver et préserver le sanctuaire où doit s'épanouir la rose du ciel, lumière et parfum de l'âme, il faut prier, croire et vouloir.

« Celui qui m'a enseigné cela, c'était un homme, c'était mon père. La délicatesse des idées et la ferveur des sentiments ne sont donc pas la dot céleste des femmes exclusivement. Et il s'est rencontré, sans que je l'aie cherché, un pauvre jeune homme, un employé de mon père, qui pleurait avec moi autour de son lit de mort. J'avais pour lui les sentiments d'une sœur ;

absorbée par l'amour filial, je n'avais encore songé ni à l'amour ni au mariage, ou, du moins, j'y avais songé sans objet, me réservant de choisir tard, et quand je me croirais digne de la haute destinée d'épouse et de mère. Mon père mourant prit ma main et la mit dans celle de ce jeune homme. Voilà ton fiancé, me dit-il, celui que je te destinais, et que, depuis plusieurs années, j'éprouve et j'observe. Il est encore trop jeune pour se marier, il n'a que vingt-deux ans, et il a des devoirs à remplir : sa famille est pauvre ; je l'aide à la soutenir et tu continueras. Mais il ne faut pas qu'il s'endorme dans le bonheur sans avoir assuré par lui-même l'existence des siens. Il rougirait de nous devoir tout, et comme il ne veut rien nous devoir que de l'affection, il allait partir pour terminer des affaires où une partie de ma fortune, c'est-à-dire de la tienne, se trouve encore engagée. Il partira, et, comme c'est un grand travail que je le prie d'entreprendre, il aura droit à la moitié des bénéfices. C'est sa dot que je lui confie le soin de constituer. Dans deux ou trois ans, il reviendra, non pas riche, mais dans une position honorable, qu'il sera à même de développer ; je sais qu'il t'aime et qu'il a les qualités et les idées qui doivent t'assurer toute la dignité et tout le bonheur possible en ce monde.

« Mon père ajouta : Je ne tiens pas à l'argent et je ne te fais pas un devoir d'y tenir. L'argent d'un honnête homme, dans les affaires, ne représente que son travail et la confiance qu'il inspire. Si les intérêts auxquels j'associe ton fiancé ne remplissaient pas mon attente, peu importe. Il aura travaillé, il se sera fait connaître et estimer. Pauvre malgré ses efforts et sa vertu, il sera encore digne de toi, et vous serez assez riches si vous vous aimez beaucoup.

« Mon père ne me consulta pas autrement, et mon âme croyante accepta ce que la sienne me dictait avec conviction.

« Il nous quitta avec une sérénité extraordinaire, certain qu'il était d'aller rejoindre l'âme de sa chère et digne femme, partie dix ans avant lui, et tranquille sur mon avenir, qu'il avait béni et préparé.

« Je restai seule au monde avec ma vieille tante et ce jeune frère adoptif, en qui je devais voir le futur compagnon de ma vie. Par l'ordre de mon père, il devait passer auprès de nous le temps nécessaire pour nous mettre au courant de notre situation : un mois au plus, car cette situation était claire et pure de toute obligation non remplie.

« Je connaissais mon fiancé comme s'il eût été mon frère. Depuis l'âge de seize ans,—il avait fait ses études premières avec une rapidité inouïe,—il travaillait avec mon père et demeurait dans notre maison. Je savais donc pouvoir placer en lui ma confiance absolue. C'est un beau point de départ pour l'amour qu'une estime ainsi établie sur une sécurité complète.

« Je n'avais pas ressenti une vive surprise en apprenant la volonté de mon père. Si je m'étais étonnée de quelque chose, c'est que je n'eusse jamais songé à ce qu'il m'apprenait des sentiments de ce jeune homme.

Mais la solennelle douleur où me plongeait la perte de notre meilleur ami m'empêcha de songer à moi-même et d'interroger mon inclination.

« Un jour, c'était la semaine qui suivit la mort de mon père, ma tante entra chez moi, et avec son bon sens qui part du cœur, elle me dit : — Tu as du courage, je le sais, mais je crains que tu n'aies un double chagrin. Je crains que le mari que ton père t'a destiné ne te plaise pas. Il le craint lui-même, le pauvre enfant, et il m'envoie vers toi pour te rappeler que mon frère a soumis son idée à ton bon plaisir. Il l'a répété plusieurs fois en nous faisant ses derniers adieux. Tu lui as toujours dit que tu suivrais son conseil : à présent, ton futur et moi, nous craignons que tu n'aies parlé comme cela dans l'exaltation de ta piété filiale, et nous te conjurons, au nom même de ton père, de te regarder comme absolument libre.

« Je m'éveillai comme d'un profond sommeil. Je m'étais comme ensevelie dans le morne repos de la mort avec mon père. La démarche de ma bonne tante me rappela que l'âme de mon père vivait toujours et qu'elle veillait encore sur moi.— Faites venir Abel, lui répondis-je; je veux lui parler en même temps qu'à vous. »

— Il s'appelle Abel? dit la Sofia : quel doux nom !

« Abel n'est pas le prénom de ce jeune homme, c'est un petit nom d'amitié que mon père lui avait donné, à cause du contraste de sa figure douce avec la figure sombre et accusée d'un de ses frères, qui n'en était pas moins le meilleur garçon du monde, et qui, n'ayant pas justifié le surnom de Caïn, ne l'a pas conservé; mais celui d'Abel nous était devenu si familier, à ma tante et à moi, que nous n'appelons jamais autrement mon fiancé, et qu'il y tient lui-même en souvenir de mon père.

« Abel fut donc appelé, et vint à moi, si pâle et si ému que je lui tendis les deux mains et l'embrassai avec un sentiment de tendresse profonde. Il avait tant aimé, tant servi, tant vénéré, tant veillé et pleuré celui que je pleurais! — Je vous aime, lui dis-je, de toute la force de mon cœur. N'ayez aucune crainte, je n'aimerai et n'épouserai jamais que vous.

« J'étais, en lui disant cela, tranquille comme me voici. Il tomba à mes pieds, presque évanoui, et ne put répondre que par des sanglots.

« Cette émotion violente m'étonna d'abord, et puis, tout à coup, elle me gagna, je ne sais comment. Je crois que l'amour est une surprise, et que cela fait partie de ses délices. L'homme en a l'initiative ; c'est, je crois encore, dans l'ordre des choses saintes que Dieu a établies. Je n'avais encore aimé Abel que par le cœur et la raison. Je l'aimai tout à coup avec l'attendrissement extraordinaire qu'il éprouvait lui-même, et dont il me révélait la force impétueuse et sacrée.

« Ma bonne tante fut heureuse de me voir si touchée. Elle ne connaît pas l'amour, elle. Elle déclare n'en avoir qu'une idée très-vague ; mais elle y croit comme à Dieu, dont la notion n'est pas plus claire pour elle, mais que son cœur pressent ou devine.

« Mon amour à moi, un amour immense, immortel comme l'âme que j'ai reçue de Dieu, mais endormi encore dans l'ignorance de lui-même, s'éveilla donc dans les pleurs, au bord d'une tombe où dormait tout ce que j'avais chéri et connu sur la terre. Quelle source plus pure, quel pacte plus sérieux et plus inattaquable ! Il me sembla que l'esprit de mon père passait dans celui de mon fiancé, et que j'aimais en lui deux âmes sœurs l'une de l'autre. Il n'y eut ni incertitude, ni examen, ni réserve dans l'union solennelle de nos volontés. Abel devint tout pour moi comme j'étais déjà tout pour lui, car il me raconta combien et comment il m'aimait depuis six ans. Mais... »

— Oh ! racontez-le-moi, dit la Mozzelli, puisque vous avez commencé !

— Mon intention, reprit Constance, n'était pas de vous raconter une histoire aussi simple et aussi dépourvue de faits que la mienne. Si je la continue, c'est pour vous dire comment j'entends le véritable amour.

« Il m'avait aimée dès le jour de son entrée dans notre maison. Nous étions alors deux enfants, moi très-raisonnable, lui très-timide. Mon père, qui avait une grande affection pour le sien, me l'avait présenté en me recommandant de lui être bonne et de le mettre à l'aise. Je n'avais rien trouvé de mieux, dans ma sagesse, que de lui enseigner les échecs, le soir, pendant notre heure de récréation. Mon père et ma tante, nous trouvant trop graves, nous taquinaient et s'amusaient à nous faire disputer. Ce n'était pas facile ; nous étions obligeants l'un à l'autre, lui par sympathie, moi par habitude de caractère. Et quand on avait réussi à nous faire discuter, Abel était heureux parce que, dans la gaieté du débat, je me familiarisais insensiblement et l'appelais Abel tout court.

« Seul de tous les employés de mon père, il dînait avec nous, et, comme je servais, je lui passais des friandises en prétendant qu'il était gourmand. C'était pour lui une sorte de supplice. Il ne voulait rien refuser de ce que je lui offrais, et il était content de me voir occupée de lui, en même temps qu'il était humilié de me paraître gourmand, grand garçon comme il était déjà.

« Et puis, quelquefois, nous l'emmenions à la campagne, et là, il était dans l'ivresse, parce qu'il nous suivait partout et me voyait des journées entières. Il me raconta tous les petits détails de notre innocente vie, qui lui avaient paru, à lui, de grands drames, et moi je la recommençais avec lui par le souvenir, étonnée de la trouver si remplie et si belle. Combien de fois, sans le savoir, sans m'en douter, je l'avais comblé de joie avec un mot, un geste ou un regard ! Il me montra tout un petit trésor de brins d'herbe, de fleurettes séchées, de bouts de papiers ou de rubans qu'il avait amassés dans les tiroirs de son bureau. Et tout cela au milieu de cette vie froide des affaires et de cette austère tension de l'esprit sur des chiffres ! Ma pensée était toute sa jeunesse, toute sa poésie, toute la flamme et toute la lumière de son humble et rigide existence. Il ne connaissait que moi en fait de femmes, il n'avait jamais regardé une autre que moi, même pour comparer ; c'est moi qui étais belle pour lui, il ne pouvait pas en exister une autre.

« Et il n'avait jamais espéré, jusqu'au jour où mon père l'avait surpris ramassant un de mes gants déchiré, que j'avais jeté hors de ma chambre. Abel avait été glacé de crainte, il lui avait juré que jamais il ne m'avait laissé deviner sa folie ; et mon père lui avait répondu : — Je le sais bien, mais pourquoi serait-ce une folie ? Travaille, sois pur, bon et fort, rends-toi digne d'*elle* et de moi.

## XI

« Il y avait de cela deux ans, et depuis deux ans, Abel essayait d'espérer. Mais le calme de ma figure et l'abandon de mes manières ne le rassuraient pas. Il croyait ne pouvoir jamais prétendre qu'à mon amitié. Il était jaloux sans objet, car il ne venait chez nous que des hommes mariés ou des enfants. Mais si je m'intéressais à un personnage célèbre, si je regardais un portrait, même celui de quelque mort illustre, il était désespéré, se croyant laid ou vulgaire. »

— Et je suis sûre qu'il est beau comme un ange !

dit la Sofia, qui écoutait avidement le naïf roman de cœur de Constance.

— Il est beau pour moi, répondit mademoiselle Verrier. Je ne me suis jamais demandé ce qu'en pensaient les autres. Il est plutôt blond que brun, ni grand ni petit, très-simple dans sa mise et sérieux dans ses manières. Habitué de bonne heure à se trouver en rapport avec des personnes de toutes conditions, il n'a ni gaucherie ni arrogance. On s'accorde à lui trouver une grande distinction et une clarté extraordinaire dans la parole.

« Pour moi, sa figure et son âme, c'est la même chose. C'est la beauté morale en personne, la droiture inébranlable d'un homme fait, dans la candeur tendre d'un enfant, et il n'a pas dû changer de physionomie... car il m'a toujours écrit comme il pense et comme il aime, depuis quatre ans que je ne l'ai vu. »

— Quatre ans! s'écria la Mozzelli, quatre ans sans se voir... et sans s'oublier! est-ce possible!

— C'est possible, puisque nous voilà, moi devant vous, lui dans mon cœur absolument tel que le jour où il est parti, aussi jeune, aussi sérieux, aussi fidèle et aussi aimé.

— Mais comment se fait-il qu'il ne soit pas revenu plus vite? vous l'attendez d'un jour à l'autre?

— Je ne l'attends pas avant trois ou quatre mois. Il a dû voyager beaucoup et plus loin, plus longtemps que mon père ne l'avait prévu. Ne me demandez pas, sur les affaires qui l'ont éloigné ou retenu impérieusement, des détails sans intérêt ici. Je sais qu'il a dû faire ce sacrifice à des devoirs de position qui lui sont sacrés, puisqu'ils lui ont été imposés par mon père et par sa propre dignité. Il veut non pas tenir de moi une fortune, mais m'en apporter deux : la sienne propre et la mienne, qui, doublée par ses soins, sera encore son œuvre et non pas son salaire. Je déplore, comme vous pouvez croire, cette richesse que sa fierté nous impose, et dont notre bonheur n'aurait eu aucun besoin si j'étais née pauvre comme lui. Mais l'opinion est là qui veut qu'un homme très-délicat et très-digne ne soit pas l'obligé, et, selon elle, l'inférieur de sa femme.

— Comment! vous reconnaissez la loi d'un pareil préjugé ?

— Oui, je la reconnais, puisque l'homme que j'aime la subit. Si, en toute liberté de conscience, il en eût jugé autrement, j'aurais vu par ses yeux. Mais mon père avait prononcé : ni l'un ni l'autre nous ne pouvions nous croire meilleurs juges que lui.

— Ah! pauvre Constance! depuis quatre ans, vous avez dû bien souffrir!

— Oui, sans doute; mais combien je serais moins heureuse si, n'aimant rien, je n'attendais personne! Il est des tristesses que l'on peut surmonter, et ma figure doit vous dire que je ne suis ni découragée ni malade. L'attente ne me dévore pas, elle me soutient. Je ne l'avais pas prévue si longue. Lorsque Abel est parti, il se flattait de pouvoir tout terminer en deux ans. Ce terme écoulé, nous avons compté par saisons la prolongation de l'absence, et j'ai réussi, voyant comme il en souffrait, à lui donner du courage plus que je n'en avais d'abord et autant que j'en ai maintenant. Ce courage fait partie aujourd'hui de la religion de notre amour, et puis, nous voyons enfin le terme approcher, sans illusion, cette fois ; et ce qui nous reste de volonté est à la hauteur de ce qui nous reste d'impatience à vaincre.

— Je parie bien que vous êtes plus courageuse que lui ! Les femmes sont seules capables de pareilles épreuves !

— Voilà où vous vous trompez. Un homme a plus de peine que nous à bien aimer. Il a, dit-on, plus de tentations faciles à satisfaire, et, à coup sûr, quand il est actif et intelligent, plus de devoirs absorbants et de préoccupations desséchantes. Mais quand, malgré tout cela, il aime comme je suis aimée, moi qui n'ai rien autre chose à faire, il a certainement plus de mérite que nous. De ce que l'amour a des nuances différentes dans les deux sexes, il ne résulte pas qu'il y ait deux amours différents. L'homme a l'initiative, comme je vous le disais, la spontanéité, l'ardeur. La femme, plus sédentaire et plus contemplative, vit par la pensée de l'amour autant que par l'amour même. Chacun d'eux a les facultés de la mission qui lui est dévolue. Le premier dit : aimons pour vivre, et l'autre répond : vivons pour aimer. Dieu est là pour les mettre d'accord, lui qui a décrété que la vie

et l'amour ne se sépareraient pas ou que l'univers
périrait.

Ce que je vous dis de ces nuances diverses est si
vrai, que vous avez été malheureuse, ma chère Sofia,
pour avoir voulu imposer aux hommes que vous avez
aimés votre manière de les aimer. J'ai compris cela
aux aveux que vous avez faits de votre jalousie con-
tinuelle. Je crois qu'on rend un homme infidèle par
le soupçon excessif de son infidélité, et que la violence
de la passion chez une femme est quelque chose qui lui
ôte la force et l'ascendant de sa véritable nature.
Comme c'est une force toute de persuasion et de consolation, dès qu'elle usurpe les priviléges de la protection active, elle perd ses droits légitimes au bienfait
de l'exclusive protection. Elle était la brise et la rosée,
elle devient la bourrasque et la foudre. Elle était une
faiblesse sacrée et vénérable, elle devient une énergie
qui lutte contre le principe même de son énergie.
L'homme sent que son vrai bien lui échappe, il résiste ou se lasse.

— Hélas! vous avez raison, je le sens, répondit la
Sofia, et si je pouvais recommencer ma vie, je la gou-
vernerais au lieu de me laisser emporter par elle;
mais il est trop tard! Tout ce que vous me dites maintenant ne me paraît plus applicable à ma destinée.
J'entends la théorie de l'amour dans la bouche d'une
vierge, et je me dis qu'il y a, entre elle et moi, l'inconnu pour elle, le souvenir pour moi-même, deux
choses que notre pensée ne peut pas franchir. Cet

inconnu dont je vous parle, ce n'est pas le plus ou le moins d'intimité : c'est la transformation qui s'opère dans l'esprit quand le cœur rassasié se sent languir et succomber sous sa propre plénitude. Quand on s'aperçoit que l'amour se change en amitié, il y a un effroi et un chagrin profond que vous ne connaissez pas. La flamme est une chose trop active pour ne pas s'épuiser vite, et quand elle nous quitte il faut mourir ou la chercher ailleurs.

— La chercher encore, oui! la chercher toujours! répondit Constance; mais pourquoi la chercher ailleurs? Un autre homme vous en rendra-t-il une aussi vive et plus durable?

— Pourquoi pas, quand notre cœur est puissant et vivace?

— Employez cette puissance à le guérir de sa propre lassitude.

— Mais quand l'amant est indigne?

— Ceci est une autre question où je ne saurais entrer. Vidons seulement la première. Vous avez dit que votre cœur se lassait par la possession même du bonheur ; ce n'est donc la faute de personne, mais la vôtre.

— C'est celle de la nature humaine.

— Ah! oui! toujours la nature humaine! Qu'est-ce que c'est que cela? où la prenez-vous? Chez les Orientaux qui ont cent femmes, ou chez les prêtres catholiques qui n'en ont pas du tout? Chez les sauvages qui brûlent ou mangent leurs ennemis, ou chez nous qui les portons à la même ambulance que nos soldats? Qui se dira le plus soumis aux lois naturelles, ou le plus affranchi des instincts de la brute? Je ne sais pas quel Dieu étrange on veut faire de la nature humaine, comme si elle était une chose absolue, immuable et sacrée par elle-même, tandis qu'elle est, en réalité, la chose la plus malléable et la plus éducable qui existe sous le ciel. Tenez, il y a de beaux systèmes là-dessus, et il y en a aussi de très-pernicieux; mais je dirai, à un autre point de vue que la duchesse, que je ne m'embarrasse d'aucun. Le beau m'apparaît comme l'expression la plus élevée du vrai. Je le sens, je l'aime, il m'attire, il me charme, il se manifeste en moi en un très-petit nombre de préceptes qui me ravissent par leur grandeur et leur simplicité. Je m'exalte dans la joie de les comprendre et dans l'émotion de les adorer. Suis-je donc dans le faux et dans le rêve? Je ne sens nullement la nature crier en moi que je me trompe. Chez l'homme qui se jette dans les flammes pour sauver un autre homme, et chez celui qui fuit l'incendie sans songer à personne, la nature humaine agit avec la même énergie, seulement elle agit différemment; et cependant elle n'est pas deux, elle est une; mais elle est héroïque ou lâche, selon qu'elle a monté vers l'idéal ou descendu vers l'instinct.

— J'entends; dit la Mozzelli. Vous pensez que l'idéal n'est pas au-dessus de la nature, et que tous peuvent l'atteindre quand ils l'aiment.

— Oui, je crois cela !

— C'est que vous êtes une sainte, je le disais bien !

— Soit, reprit Constance en riant ; admettons que je sois une sainte. Qui vous empêche de l'être aussi ?

— Puis-je redevenir pure ?

— Les plus grands saints n'ont-ils pas été parfois les plus grands pécheurs ?

— Je ne me sens pas la force de faire pénitence !

— La pénitence est une belle chose dans le passé, mais elle change de nature avec les siècles. La société et l'esprit humain sont devenus si actifs et si compliqués que les Thébaïdes n'accueilleraient plus que des vertus stériles. Ce n'est pas le spectacle de la mort qu'il faut donner ; c'est l'exemple de la vie. Le plus grand mal du siècle est d'avoir tué l'amour, dites-vous ? Eh bien, cherchez à le ressusciter en vous d'abord, pour avoir le droit de le ranimer chez les autres. Ce n'est pas au désert que vous le trouveriez, et d'ailleurs, le désert, voyez-vous, il est là, au coin du feu, entre minuit et une heure du matin, si vous voulez ! Nous y voilà toutes les deux, puisque votre cœur est vide et que le mien est rempli de l'image d'un absent sans lequel tout est vide autour de moi. Avons-nous besoin de voir des rochers sur nos têtes et de sentir le vent dans nos cheveux, pour nous isoler du monde et nous recueillir ? Notre pensée n'est-elle pas remplie de cet idéal que vous regrettez et que j'espère ? Ce grand mot *amour,* qui résume tout, la foi en Dieu et la confiance en nous-mêmes, la charité envers tous et la passion pour un seul, l'espérance du ciel et celle du véritable hyménée sur la terre : est-ce le bruit des voitures qui passent, le craquement de nos robes de soie ou l'odeur des lilas blancs dans ces vases de Chine, qui peuvent nous en distraire ?

— Non ! nous sommes ici devant Dieu tout aussi bien que saint Jean à Patmos, et nous pouvons y rêver une sublime apocalypse si nous avons le feu dans le cœur et dans la tête. Qu'est-ce qu'il y a au fond de ce grand poëme de l'apocalypse ? Le savez-vous ? Il y a la prophétie de la régénération du monde par l'amour : un monstre effroyable qui s'appelle la prostituée, et qui est vaincu, et un agneau, symbole d'innocence, qui brise les sceaux du livre de l'avenir. Donc, le monde est à nous si nous voulons ; le monde du vrai, du beau et du bien, c'est-à-dire le bonheur ! Le livre a été ouvert comme jadis avait été ouverte la mystérieuse boîte de Pandore, d'où sortirent les passions aveugles et les appétits funestes, instruments de torture et de mort. Du livre évangélique, ce qui est sorti, c'est l'amour, c'est la vie ! Nous avons donc la loi écrite, soyons la loi vivante, aimons ! A genoux, Magdeleine, et ne blasphémez plus ; l'amour est ici !

— Ah ! si je pouvais croire ! s'écria la Mozzelli fondant en larmes. Mais vous me montrez une cime que je ne pourrai jamais gravir !

— La route vous semble donc bien longue et bien

difficile? reprit mademoiselle Verrier; vous ne savez pas si, à une certaine hauteur et pourtant après certains écueils dépassés, le reste du chemin n'est pas très-doux. Moi, je n'y suis pas encore; l'amour sans le mariage est nécessairement incomplet; mais je monte tout doucement, avec obstination, avec patience. Vous avez perdu beaucoup de temps à faire l'école buissonnière; mais nous ne sommes pas ici devant un jury de duchesses philosophes ou de casuistes intolérants. Nous sommes seules devant Dieu; je crois qu'il nous entend et qu'il nous accueille l'une et l'autre également, lui qui écoute toutes les voix qui montent vers lui, innocentes ou repenties. Nous pouvons donc le prier de nous donner la force; et, s'il ne se rendait pas à un désir puissant et vrai, c'est qu'il n'existerait pas.

— Ah! vous avez la foi à ce point-là, vous! Je le comprends; vous n'avez rien fait pour la perdre!

— Ne dites pas que vous l'avez perdue, vous qui n'avez pas beaucoup fait pour l'acquérir.

— Je l'aurais eue, je l'aurais gardée à la villetta de Recco, si le vieux comte n'eût été un infâme!

— Qu'est-ce que l'infamie d'un homme prouve contre la sainteté de Dieu? Votre esprit a été troublé dans sa foi, et votre conscience n'a pas réagi assez victorieusement. L'agitation de la vie, l'amour de l'art, une soif de gloire et d'émotions, voilà votre excuse. Je l'accepte; mais soyez plus sévère envers vous-même que je ne veux l'être, et vous verrez que la recherche du vrai et du beau moral n'a pas été l'affaire principale de votre vie.

— C'est vrai ! Tout ce que vous me dites me paraît si nouveau que j'en ai le vertige.

— Et pourtant je ne vous ai dit que des lieux communs. J'aurais dû, avec une artiste telle que vous, trouver une forme sublime pour vous dépeindre les joies secrètes et profondes de l'amour. Il faut qu'elles soient bien grandes et vraiment divines, puisque, ne les connaissant pas toutes, et en dépit de l'absence, je me sens heureuse rien que de songer et de sentir que j'aime. C'est là, voyez-vous, quelque chose d'ineffable, d'avoir le cœur si plein qu'il ne s'y trouve jamais de place pour l'ennui, l'impatience ou le doute ! de croire à un autre que soi-même avec l'humilité d'un enfant, tout en se rendant compte d'une immense énergie pour se dévouer à lui ; de pouvoir tout rapporter à cette chère image, rêveries, progrès et victoires sur soi-même, de n'être jamais seule tant l'imagination prend de forces pour le faire apparaître et pour remplir l'air qu'on respire de l'illusion de sa présence ; de s'endormir et de s'éveiller avec la même pensée, sans regret, sans crainte, sans désir de changement ; de travailler sans cesse à s'améliorer soi-même, à s'éclairer, à se fortifier pour être digne du bonheur et pour être capable de le donner ; enfin, de se sentir vivre à deux, quand même les océans vous séparent, et de porter dans son âme, avec une douce fierté, le secret et la foi d'une âme d'élite : tout cela, ma chère amie, c'est l'avant-goût d'une félicité qu'il faut mériter pour en savoir le prix, et qu'on peut toujours atteindre quand on ne s'égare pas à la poursuite d'autres rêves.

— Mais, pour cultiver ainsi le grand amour en soi-même, il faut, observa la Mozzelli, avoir un but, un objet aimé et digne de l'être ! Où réside ce phénix ? Pouvez-vous me donner l'adresse d'un homme accompli, de la perfection en chair et en os ?

— Il n'y a d'homme accompli que celui qu'on aime, répondit Constance. Il est toujours parfait, celui-là, puisqu'on aime tout en lui !

La Mozzelli mit ses deux mains sur sa figure et pleura amèrement. — Ah ! que vous êtes heureuse, vous, dit-elle, de pouvoir aimer comme cela !

Constance s'efforça encore de lui rendre l'espérance et la confiance en elle-même, et elle parvint à la calmer.

Quand elles se quittèrent, Constance pria la Mozzelli, qui le lui promit et tint parole, de ne raconter à personne ce qu'elle lui avait confié de sa situation. Je n'en fais pas mystère, lui dit-elle, à mes proches parents et aux amis intimes et sérieux que m'a laissés mon père. Tous ont approuvé son choix et tous me gardent le secret. Ce secret, mon père l'avait exigé, quant au monde, par prudence, et Abel se le serait imposé de lui-même par délicatesse. Il voulait me laisser entièrement libre de me rétracter sans éclat. Je n'ai pas accepté cette liberté-là, moi, mais j'ai senti que le mystère était bon ; il est la poésie de l'amour, et il en est aussi la sauvegarde. J'aurai trouvé quelque chose de hardi, de provoquant ou d'affecté, à me poser en fille amoureuse devant le public, à subir des interrogations sur la personne ou le caractère de mon fiancé, sur la nature de mes sentiments pour lui. La duchesse n'est pas la seule personne épilogueuse et curieuse, que nous connaissions, vous et moi ? J'ai préféré passer pour une fille froide, paresseuse, ou méfiante, et, bien qu'on en glose un peu, je le sais, je suis encore plus tranquille ainsi, que si j'eusse permis aux regards oisifs ou railleurs de pénétrer dans le sanctuaire de mes affections.

— Et vous avez bien fait ! répondit la Mozzelli ; tout ce que vous faites est bien, d'ailleurs, et je deviendrais bonne si je passais ma vie près de vous ! mais je pars demain, et qui sait où et quand je vous reverrai !

# SECONDE PARTIE

## XII

Vers la fin d'août, Constance Verrier dut conduire à Nice sa vieille tante, affectée de rhumatismes. Elle y rencontra la duchesse d'Évereux qui y avait amené sa fille, jolie personne de quinze ans, élevée au couvent, d'une figure intéressante et d'une santé délicate.

La duchesse fut charmée de trouver dans mademoiselle Verrier une société où elle pût laisser sa fille à toute heure et en toute confiance. Liée avec beaucoup de Français et d'étrangers de condition établis à Nice, madame d'Évereux, qui aimait le monde, mais qui ne voulait pas encore y produire une fille trop jeune pour supporter les veilles et les longues promenades, témoigna à Constance encore plus d'affection que par le passé. Celle-ci comprit bien que l'amitié se trouvait pour le moment un peu intéressée, et qu'en la suppliant de prendre gîte dans la vaste maison qu'elle avait louée pour elle seule, madame d'Évereux songeait à pouvoir laisser, de temps en temps, mademoiselle d'Évereux sous sa garde. Mais il n'y avait pas à choisir beaucoup en fait de domicile, et la bonne tante Verrier, habituée à ses aises, désira vivement que l'offre de la duchesse fût acceptée. La vieille Cécile était flattée d'ailleurs de se voir l'objet des chatteries et des petits soins d'une grande dame, et celle-ci ne les lui épargnait pas. Constance croyait savoir désormais à quoi s'en tenir sur la bonne réputation de la belle Sibylle, mais elle savait aussi qu'il n'y avait aucun danger pour elle-même dans son intimité, et, malgré une certaine répugnance instinctive, désormais insurmontable, elle se laissa gagner par le désir de sa tante et par les grâces ingénues de la petite Julie d'Évereux, qui semblait implorer sa bienveillance et sa protection.

Ce n'est pas que la duchesse fût une mauvaise mère ; elle aimait sa fille autant qu'il lui était possible d'aimer. Elle l'entourait des soins les plus délicats, et avait pour son innocence un respect jaloux et scrupuleux. Elle n'était pas de celles qui déplorent l'âge des enfants qu'elles ont mis au monde, et peu lui importait que la taille élancée de son Agnès accusât son âge véritable. Elle se sentait toujours assez jeune, assez belle et assez séduisante pour ne pas trouver d'obstacles à ses triomphes, et, en général, elle n'était pas jalouse des autres femmes, sachant bien, se disait-elle intérieurement, que Scipion l'Africain a laissé peu de disciples, et que le genre d'attachement qu'elle demandait aux hommes ne se refuse jamais.

Si le tête-à-tête avec sa fille l'ennuyait un peu, ce n'était plus sa faute. Son esprit avait contracté l'habitude d'analyser moitié charitablement, moitié ironiquement, l'esprit des autres, en vue d'une secrète jouissance d'amour-propre, établie sur la comparaison de son habileté et de sa philosophie avec les folles passions ou les sots scrupules d'autrui. Elle ne pouvait se livrer à cet amusement avec sa fille, et même elle eût craint de s'y livrer. Elle n'osait sonder cette jeune âme, à laquelle, malgré tout l'aplomb de ses sophismes, elle sentait bien qu'elle ne pouvait imprimer aucune bonne direction.

L'instinct moral est si puissant chez les âmes candides, que Julie d'Évereux s'attacha tendrement à Constance dès les premiers jours, et bientôt ne voulut voir que par ses yeux. La duchesse prétendait, en les embrassant toutes deux, qu'elle en était jalouse. Au fond du cœur, elle se disait : Quel dommage que cette petite bourgeoise soit riche ! comme cela eût fait une incomparable gouvernante pour ma fille !

La Mozzelli, après avoir, comme la cigale, chanté tout l'été, fit un voyage d'agrément en Écosse, donna des concerts à Édimbourg, et partit, de là, pour Milan. Elle passa par la France et s'arrêta quelques jours à Paris. Elle y chercha Constance et la duchesse, apprit où elles étaient, et résolut d'aller donner un concert à Nice, afin de les voir en passant.

Constance la reçut avec affection, mais la duchesse fut visiblement contrariée de son arrivée. Puis prenant son parti bravement : — Ma chère, lui dit-elle, je ne sais pas feindre ; je vous aime beaucoup, et, si je vous battais froid, ce serait un mensonge en pantomime. J'aime mieux vous dire tout simplement ce qui en est : vous n'êtes pas une société pour ma fille. Elle est musicienne, et nous irons vous entendre. Je vous présenterai même à elle devant tout le monde. Il n'y a rien de mieux. Elle est destinée à protéger aussi les artistes quand elle aura un mari et une maison ; mais des relations intimes ne sont pas possibles en sa présence. Les petites filles sont niaises et font mille questions. Ne m'a-t-elle pas déjà demandé si vous étiez mariée ? Vous comprenez que je ne peux pas lui raconter votre histoire...

— C'est assez, madame la duchesse, répondit la Mozzelli ; j'ai compris de reste. Vous avez raison, et je n'ai rien à dire. Vous voyez bien, ajouta-t-elle en se tournant vers Constance, que l'honneur est cette île escarpée dont parle un de vos vieux poëtes :

On n'y peut plus rentrer, dès qu'on en est dehors.

J'aurais cru pourtant avoir réparé un peu mes fautes depuis trois mois, car j'ai tâché de mettre vos conseils à profit ; mais cela ne sert de rien, et vous allez aussi me dire qu'ici, en vue, dans cette ville de province, je ne dois pas avoir l'air de vous connaître.

— Oh ! moi, c'est différent, répondit Constance ; je n'ai pas de fille à marier.

— Mais vous êtes fille à marier vous-même.

— Non ! je suis toute mariée, puisque j'ai la parole d'un honnête homme qui me connaît bien. J'irai donc vous voir, si vous me dites que vous voyagez seule et que je peux aller chez vous. Le puis-je ? C'est de vous seule que je veux le savoir.

— Vous le pouvez ! dit la Mozzelli, en lui baisant les mains avec attendrissement. J'aime, et celui que j'aime est bien loin d'ici.

— Vous êtes donc toujours romanesque ? dit la duchesse à mademoiselle Verrier quand la cantatrice se fut retirée. Eh bien, vous avez tort de croire que cette chère fille se soit amendée. Elle a eu, à Londres, une espèce de passion exaltée. J'ai su ça, bien que, contre sa coutume, elle ne l'ait pas affichée, et qu'elle m'en ait fait mystère à moi-même. Mais le hasard m'a fait découvrir qu'on ne la prenait pas du tout au sérieux. Si bien que, quoi qu'elle fasse, elle ne trouvera pas un homme assez *spregiudicato* pour l'épouser ou assez naïf pour consentir au moins à une liaison durable. C'est toujours la même folle. Croyez-moi ! n'allez pas trop chez elle durant les huit jours qu'elle annonce vouloir passer ici.

Constance sourit et ne répondit pas. Elle était résolue à voir la Mozzelli qu'elle aimait et en qui elle avait confiance, et elle se disait gaiement que si l'*austère* duchesse blâmait ses démarches, elle était bien libre de lui retirer la tutelle passagère de mademoiselle d'Évereux, qu'elle n'avait pas sollicitée.

Il n'en fut pas ainsi. Constance vit plusieurs fois la cancatrice, et la duchesse feignit de n'en rien savoir. Elle n'eût voulu, pour rien au monde, se mettre mal avec mademoiselle Verrier en présence de sa fille, à qui, par une contradiction bien connue chez les femmes de son caractère, elle la proposait à tout instant pour modèle.

La Mozzelli se trouva si occupée de l'organisation assez difficile de son concert, qu'elle ne put causer à cœur ouvert avec Constance ; mais elle lui sut un gré infini de ses visites, et quand, le concert donné, elle se disposa à partir, elle la supplia de lui consacrer quelques heures, et d'accepter de dîner avec elle en tête à tête. On se rappelle qu'elle avait à Nice une petite maison, un nid de fleurs et de soie qu'elle ne louait à personne, comptant toujours s'y installer et n'y allant presque jamais. Elle n'y recevait personne de frivole ou de compromettant, et ce dernier jour-là, d'ailleurs, elle fermerait sa porte, comme Constance avait fermé la sienne, à Paris, le jour de leur dîner intime avec la duchesse.

— Mais la duchesse, dit Constance, allons-nous l'exclure de la partie ? et comme je suis sûre qu'elle n'y viendra pas, ne devriez-vous pas l'inviter, pour ne pas accomplir une sorte de rupture avec elle ?

— Ne m'a-t-elle pas dit, répliqua la cantatrice, qu'on ne pouvait pas voir une personne comme moi, quand on n'avait plus sa fille au couvent ? Pourquoi m'exposerais-je à un nouvel affront de la part d'une femme beaucoup plus perdue que moi-même ?

— Elle n'est pas perdue selon le monde, et elle est forcée d'obéir au monde : c'est encore ce qu'elle peut faire de mieux pour sa fille, n'ayant aucune espèce de moralité à lui enseigner. Voyons, n'oubliez pas que la duchesse vous a rendu de grands services, et que vous pouvez encore avoir besoin d'elle. Elle est fort dévouée à ses amis.

— Eh bien, invitez-la de ma part, en lui disant que je n'insiste pas, si elle refuse ; mais que, si elle accepte, notre petite réunion sera aussi secrète qu'elle l'a été à Paris chez vous. En tout cas, venez de bonne heure, chère Constance. J'ai vraiment besoin de vos conseils, et cette chatte merveilleuse qui a toujours le talent de me faire parler de moi, quand elle le veut, ne manque jamais de me laisser plus triste et plus découragée qu'auparavant. Vous aviez bien raison, là-bas, de ne vouloir pas vous livrer avec elle. Est-ce qu'elle a réussi depuis à gagner votre confiance ?

— Non! répondit mademoiselle Verrier ; je dois dire que sa curiosité n'a pas reparu, et que même elle a repris, dans sa manière d'être avec moi, son ancienne délicatesse et toute la réserve que je pouvais souhaiter. Moi, je crois qu'il lui serait bon de ne pas remettre sa fille au couvent: peut-être se retremperait-elle un peu au contact de l'innocence.

Quand mademoiselle Verrier porta à la duchesse l'invitation de la Mozzelli, la duchesse refusa tout net, mais en disant qu'elle savait gré à cette bonne fille de ne l'avoir pas boudée. Allez-y, ma chère, lui dit-elle. Faire œuvre de charité est votre mission, peut-être ! Vous aimez à consoler, et vous vous y entendez. Moi, même, je pourrais vous dire que j'ai subi votre influence, après m'en être défendue devant vous, et je vous raconterais bien des choses si je ne sentais pas ma fille autour de moi ; mais, avec elle, je ne me souviens plus que je suis femme, tant je me souviens d'être mère. Allez donc chez la Sofia. Je me charge de faire compagnie à mademoiselle Cécile qui serait de trop dans les confidences que l'on vous tient en réserve, et qui, d'ailleurs, ne se soucie pas de dîner dehors. Nous jouerons au grabuge en vous attendant. Vous avez assez souvent gardé ma fille, je peux bien vous garder un jour votre tante.

Le dîner était pour le soir même. Quand Sofia et Constance se trouvèrent ensemble : — La première chose que j'aurais dû vous demander, dit Sofia, c'est si vous attendez ici le retour de votre fiancé ; mais je n'ai pas osé. Ne me dites donc que ce que vous voudrez. Seulement ne croyez pas que je ne m'intéresse pas à vous beaucoup plus qu'à moi-même.

— Vous pouvez m'interroger, répondit Constance : je n'ai que du bonheur, pour mon compte, à vous annoncer. J'ai été fort inquiète d'Abel. Pendant deux mois, j'ai été sans nouvelles de lui. De la Russie, il devait venir par la Suède, où notre dernier souci d'affaires était à régler. Il paraît que les lettres qu'il m'écrivait se sont égarées. J'ai cru à une catastrophe en mer, à une maladie grave, à sa mort même, et j'ai passé de bien tristes jours. Mais j'ai reçu enfin des nouvelles excellentes. Il se porte bien, il ne lui est rien survenu de fâcheux, il arrive. Il est à Paris. Dans quatre ou cinq jours il sera ici. Embrassez-moi, je suis bien heureuse, et parlez-moi de vous.

— Je suis heureuse ! moi aussi, s'écria la Mozzelli en l'embrassant. Pas autant que vous, mais c'est encore beaucoup pour moi ! Or, puisque la duchesse ne vient pas, commençons par dîner tranquillement. Regardons par la fenêtre ouverte ce beau ciel bleu, après lequel j'ai tant soupiré à Londres et à Paris. Respirons ce pays en fleurs, et n'ayons pas, plus qu'elles, le souci du lendemain.

Constance remarqua que la Mozzelli ne buvait plus de vins capiteux, qu'elle ne prenait plus de café, et que, par conséquent, elle ne cherchait plus à exciter ses nerfs.

— Oh ! je suis bien changée, dit la cantatrice ; j'ai mis tout mon être, âme et corps, au régime. Aussi je me porte mieux. J'ai l'humeur plus égale, et quand le *spleen* me prend, je commence à sentir que je peux réagir. Vous m'avez bénie, vous m'avez sauvée, Constance ! Oui, oui, je suis en train de renaître de mes cendres. Vous verrez ! On ne m'aime peut-être pas encore autant que je le voudrais ; mais on m'aimera, parce que j'arriverai à le mériter !

Le dîner étant fini, les deux amies, assises sous un berceau de roses grimpantes, au bord d'un petit bassin muet où se miraient les nuages roses du couchant, commencèrent à s'entretenir sans témoins. Le lieu n'avait rien de vaste, mais il touchait à la campagne et avait, à travers ses clôtures de feuillages, une échappée de vue sur la mer. La soirée était magnifique ; l'air suave et l'harmonie du flot tranquille disposaient aux voluptés de l'âme.

— Enfin, chère Constance, mon bon ange, dit la Mozzelli d'une voix douce comme la brise, je peux résumer trois mois de ma vie comme vous résumez toute la vôtre. J'aime ! j'aime un être pur, grand, sensible, passionné ! Voulez-vous que je vous le nomme?

— Est-ce que je le connais ? dit Constance.

— Non ! je ne pense pas.

— Alors, ne me nommez personne. Une femme ne doit jamais peut-être nommer que son mari. Espérez-vous l'épouser ?

— Non, pas trop ! Il me paraît un peu ennemi des liens obligatoires. Il dit que les plus durables sont ceux que la volonté prolonge au jour le jour ; mais je crois bien qu'au fond il ne m'estime pas encore assez pour faire des projets. Je souffre de cela, mais je suis arrivée à vaincre mon impérieuse personnalité et à n'en plus faire souffrir celui que j'aime.

« C'est en Angleterre que je l'ai rencontré. Il devait y passer très-peu de temps, car sa vie est enchaînée par des obligations qu'il ne veut pas ou qu'il ne peut pas encore quitter ; mais l'amour fait des miracles, et il nous a donné, malgré tous les obstacles, huit jours de délices. Oh ! mon amie ! je l'avais aimé à première vue ! est-ce parce que j'avais l'âme bien disposée ? je le crois un peu. Il y avait de vous là dedans; j'avais quitté Paris toute troublée de notre conversation. Vous étiez toujours devant mes yeux avec votre beau regard attendri, votre parole généreuse, votre confiance en Dieu et aussi en moi, pauvre esprit égaré! La duchesse, que je voyais de temps en temps à Londres, me jetait bien de l'eau froide dans le dos avec son rire moqueur et ses airs de cruelle bonhomie, mais je pensais à vous bien vite, et je me disais : Qu'importe, si Constance prie pour moi et espère à ma place!

« Enfin, j'ai vu ce jeune homme, et j'ai senti fondre, en un instant, toutes les glaces de mon cœur. Cela a été si étrange, si soudain... Et tenez, le jour où il m'est apparu, j'avais justement parlé de vous avec la duchesse. Elle me questionnait en pure perte, je vous le jure ; mais, d'après les mots que vous lui aviez dits, elle tâchait de se faire une idée de l'heureux mortel à qui vous êtes fiancée. Elle plaisantait comme toujours ; moi, je ne l'écoutais guère, et mon esprit était avec vous. C'est cela qui m'a porté bonheur.

« Mais ne croyez pas que cet amour subit et irrésistible, qui ressemble à une fascination, se soit présenté comme un caprice. Non! je ne m'ennuyais pas, je travaillais beaucoup ; j'avais du succès. J'étais occupée de mon art, j'avais des pensées sérieuses, et même j'avais résolu de ne pas songer de longtemps à aimer. Je voulais faire comme vous m'aviez dit, me guérir d'abord de mon scepticisme, et je ne me croyais pas assez guérie. Si l'on m'eût dit le matin :

« Tu aimeras ce soir, » je n'aurais pas voulu le croire, et je m'en serais peut-être défendue. Mais voilà qu'en ne songeant à rien, j'ai senti le trouble inconcevable et la flamme ardente d'un premier amour ! Le soir, quand j'ai cherché à me rendre compte de ce prodige, je me suis dit, parlant à ma personne : Bah ! tu l'aimes parce que tu l'aimes ! Et cela était très-profond, voyez-vous. Je l'aimais par reconnaissance, à cause du bienfait de l'amour qu'il avait mis en moi.

« Il faut vous dire encore que sa physionomie est des plus saisissantes. La duchesse s'en était bien aperçue car elle lui a fait des avances, et, bien qu'il ait été à cet égard-là d'une discrétion impénétrable, — il a tant de délicatesse envers les femmes, lui ! — je suis presque sûre qu'elle a fait tout pour me l'enlever. »

Un grand éclat de rire interrompit la Mozzelli, et, en se retournant, elle vit avec stupeur, à travers les ombres du soir, la duchesse tranquillement assise derrière le berceau, dans l'attitude d'une personne qui s'est mise à l'aise pour écouter.

## XIII

La Mozzelli resta interdite ; puis elle prit le parti de se fâcher. — Ah ! madame, ceci est une trahison, dit-elle ; vous dédaignez de dîner chez moi, mais vous ne dédaignez pas de venir écouter aux portes !

— J'étais invitée, répondit madame d'Évereux en riant toujours, et nous nous étions dit assez de secrets à Paris pour que je ne me crusse pas de trop dans ceux d'ici. Et puis, j'avais un regret et un remords de ne pas vous embrasser avant votre départ. Mademoiselle Cécile Verrier s'en est aperçue ; elle s'est chargée de tenir compagnie à ma fille, qui, de son côté, m'a juré d'avoir bien soin d'elle. Je venais donc, le cœur léger, vous dire qu'avec ou sans ma fille, je vous aimais toujours... Mais voilà, encore une fois, le sort des élans romanesques ! J'arrive, et c'est pour m'entendre calomnier !...

— Voyons, Sofia, dit Constance, faites comme la duchesse : riez de l'aventure ! vous voyez qu'elle vous pardonne ; elle a trop d'esprit pour ne pas savoir que, dans la jalousie, on ne sait pas ce qu'on dit, et on sacrifie ses meilleures amies au besoin de se plaindre !

— Je pardonne de tout mon cœur, reprit la duchesse en tendant les deux mains à la cantatrice, d'autant plus que je ne suis pas coupable de l'horrible chose dont vous m'accusez. Je ne connais pas votre phénix ; je l'ai aperçu une ou deux fois rôdant autour de vous ; mais, si on m'a dit son nom, je l'ai oublié. Je me suis seulement permis de remarquer qu'il était fort bien.

— Et de le dire de manière à ce qu'il l'entendît ! s'écria la Mozzelli irritée.

— Vraiment? il l'a entendu ? reprit la duchesse en recommençant à rire ; voyez-vous ça ! Daignez me pardonner, chère amie. Je ne l'ai pas fait exprès, vrai ! C'est donc lui qui vous a dit que je le trouvais bien? le fat!

— Non, ce n'est pas lui, répliqua la Mozzelli, tranquillisée par la gaieté de la duchesse et désarmée par sa douceur. Il n'est pas fat, puisque j'ai pu l'aimer, moi qui ai les fats en exécration. C'est moi, belle duchesse, qui vous ai entendue, et, certes, vous le faisiez exprès pour me tourmenter!

— Non! c'est mal à vous de le croire : quand m'avez-vous vue méchante? Je ne voulais que vous éprouver, et c'est votre faute. Pourquoi, lorsque je vous ai parlé de ce jeune homme, à Londres, avez-vous nié que vous en fussiez folle? Si, comme par le temps passé, vous m'eussiez accordé votre confiance, je n'aurais pas songé à vous surprendre. Mais tout cela, de part et d'autre, est fort innocent. Voyons! la paix est-elle faite? oui? en ce cas, continuez votre histoire; mais je vous avertis que je n'en crois pas un mot, car j'ai entendu le commencement. Vous vous dites retrempée par une grande passion, et je ne vois là de votre part qu'une velléité de plus, puisque, tout en vous vantant d'avoir combattu et vaincu la méfiance, vous m'accusez de vous trahir et me faites une scène de jalousie!

— C'est une petite rechute de son ancien mal, dit Constance avec douceur : elle va le combattre encore une fois, et, puisqu'elle le veut, elle saura bien en triompher tout à fait.

— Dieu vous entende! reprit la Sofia; j'y fais mon possible.

— Alors, parlez-nous de *lui* à cœur ouvert, dit madame d'Évereux, ça vous soulagera. Dites-nous qu'il vous aime à l'adoration, ça vous convaincra vous-même tout en nous charmant.

La Mozzelli crut voir une imperceptible ironie dans le ton affectueux de la duchesse, et, bien qu'elle ne se sentît plus disposée à l'abandon en sa présence, elle s'y livra par orgueil.

Elle avait bien, comme dit le Ruzzante, « un cœur qui lui disait *fais-le,* et un autre cœur qui lui disait *ne le fais pas.* » Mais elle céda au cœur qui la conseillait mal, c'est-à-dire à un peu plus de vanité et de dépit que de véritable expansion.

« Je vous disais donc, Constance, reprit-elle, et à vous aussi, madame la duchesse, puisque vous étiez là, que je l'ai aimé à première vue. Je venais de chanter Adalgise, dans la *Norma,* quand un de mes amis me le présenta dans ma loge. J'avais très-bien chanté et très-bien joué, je dois le dire; j'étais contente de moi, et, quand cela m'arrive, il est rare que je sois contente des autres. Les compliments d'amateurs à un artiste qui vient d'être aux prises avec la véritable inspiration lui font souvent l'effet de glace jetée au travers du feu. On nous loue pour ce que nous apprécions le moins, et on n'a pas senti ce qui nous a le plus transporté. Eh bien, ce jeune homme... donnons-lui un nom, car ça me gêne pour raconter! »

— Mettons qu'il s'appelle Melvil, dit la duchesse.

— Ce n'est pas un Anglais! reprit la Sofia.

— Raison de plus.

— Réellement, vous ne le savez pas, son vrai nom, madame la duchesse ?

— Attendez donc... Non ! ça ne me revient pas ! Entre nous, ça n'était pas un nom.

— Selon vous !

— Et selon vous aussi ; ce n'est pas un artiste !

— Enfin, dit Constance en souriant, c'était quelque prince déguisé en simple particulier !

— Eh bien ! qui sait ? et qu'importe ? reprit Sofia, va pour Melvil ! Melvil donc me remercia du plaisir et du *bien* que je lui avais fait en chantant, et il s'exprima d'une manière exquise et vraie, dans des termes que je ne saurais pas répéter, mais qui m'allèrent droit au cœur. C'était la première fois qu'il m'entendait, et il était ravi. J'avais reçu des bouquets ; je lui en donnai un. La façon dont il accepta... ce sont des riens que je vous raconte, mais Constance sait bien que ces riens-là sont des odyssées !

— Faites comme si je ne le savais pas, moi ! Racontez tout, dit malignement la duchesse.

Excitée par son sourire de doute, la Sofia reprit :

— Eh bien, puisque cela vous amuse, je ne passerai rien. Il reçut ce bouquet d'un air indécis, comme s'il était étonné d'une si grande faveur. Je vis qu'il ne connaissait guère les libertés de la vie d'artiste et qu'il prenait cela pour une avance. J'en aurais ri de la part d'un autre, mais comme il me plaisait déjà, je ne voulus ni lui paraître légère ni le laisser me paraître ridicule. Ces choses-là, lui dis-je, ne compromettent pas de ce côté-ci de la rampe. Nous sommes des oiseaux de passage, et nous n'avons rien à donner ni à emporter que le souvenir.

— C'était très-joli! dit la duchesse.

— Non, c'était bête, reprit la Sofia. On n'a d'esprit que quand on n'aime pas; mais comme il m'aimait déjà, lui, ce... Melvil, il prit le bouquet et ma main tout ensemble, et la sienne tremblait. Oui, elle tremblait tout de bon, et une femme ne se trompe pas sur une émotion bien naïve et bien forte! La sienne passa en moi si rapidement, que je faillis m'évanouir. Constance, je ne suis pas folle pour cela! Ne m'avez-vous pas dit que l'amour était une surprise et que cela faisait partie de ses délices?

— Elle vous a dit cela? s'écria la duchesse.

— Et j'ai tort de le répéter, répondit la Mozzelli : parlons de moi seule. Je m'endormis en rêvant de cet inconnu. Le lendemain matin, je trouvai mon salon rempli de fleurs merveilleuses, et je ne demandai pas de qui ça venait. Ces fleurs-là ne sentaient pas comme les autres. Elles avaient un parfum qui ne pouvait venir que du ciel. J'en fus grisée tout le jour, et je ne voulus pas sortir, crainte de respirer un autre air que cet air chargé d'amour et de poésie. Vers le soir, je m'endormis sur mon divan. Il me sembla que ces fleurs chantaient. Quel opéra sublime, quel divin poëme! Je n'ai jamais rien entendu de pareil! Mais elles se turent tout d'un coup. Il était là! Je ne sais quel vertige me prit. Je lui avouai que je l'attendais.

— C'était spontané ! dit la duchesse.

— C'était absurde. Il eût dû me prendre pour une femme galante ! Mais savez-vous pourquoi je l'aime tant ? c'est parce que tout ce qui eût dû me perdre dans son esprit est précisément ce qui l'a charmé, et c'est pourtant un être pur et de mœurs austères, je le sais maintenant. Mais, que voulez-vous ? il a une grande intelligence, une raison supérieure à celle de tous les hommes. Il devine tout, il comprend tout ; il lit dans les âmes comme dans une source.

« Il comprit donc que ce n'était pas de l'effronterie qui me poussait dans ses bras, mais un invincible attrait, une sympathie exceptionnelle ; et quand je lui demandai, le lendemain, ce qu'il avait pensé de moi, il me dit : Je n'ai rien pensé du tout, j'ai pensé que vous étiez sincère. »

— Voilà qui est charmant, dit la duchesse, et vous me le faites aimer, cet excellent jeune homme !

— Pourquoi railler ? dit Constance, qui écoutait la Sofia avec indulgence ; il savait bien que cette brave fille vivait sagement, et il pouvait être aussi fier que touché de sa franchise.

— Oui ! voilà justement ce qu'il m'a dit aussi, lui ! reprit la cantatrice. Il n'y eut entre nous rien de ce qui déflore la première émotion : ni coquetterie de ma part, ni rouerie, ni emphase de la sienne ; ni conditions, ni ruses, ni méfiance, ni réserves entre nous. Je ne sais pas s'il m'a dit qu'il m'aimait, ni s'il m'a demandé de l'aimer ; nous en étions si sûrs l'un et l'autre !

— Et alors, dès la première entrevue... dit madame d'Évereux.

— Constance ne veut rien savoir de cela, répondit fièrement la Mozzelli. La suite de l'histoire est qu'il ne pouvait passer que deux jours à Londres, et qu'il y passa une semaine, caché et parti pour tous les gens qu'il y connaît ; cela au prix des plus immenses sacrifices, à ce qu'il m'a dit plus tard. Je ne sais pas quels sacrifices, il n'a jamais voulu s'expliquer là-dessus, mais ce qu'il affirme est toujours vrai : on ne peut pas s'y tromper.

« Quand il m'a quittée, j'ai cru qu'il allait mourir et moi aussi ! Je pleurais... oh ! mon Dieu, comme j'ai pleuré à quinze ans, dans le jardin du palais Doria ; et pourtant je pleurais bien, ce jour-là !

« J'ai vu qu'il se faisait une violence atroce, et je n'ai pas pu m'offenser de ce qu'il me quittait. Je n'en ai pas su la raison ; je ne la saurai peut-être jamais, et j'ignorais absolument quand je le reverrais. Il m'a dit seulement : Tu vois bien ce que je souffre. Je ne peux pas te dire autre chose ! Et moi j'ai dit : Si tu souffres, tu m'aimes ; et si tu m'aimes, il est impossible que tu ne trouves pas le moyen de revenir à moi ! »

— Et vous l'avez revu ?... dit la duchesse.

— A Édimbourg. Il avait parlé d'aller en Écosse, et, quand je lui proposai de l'y suivre, il prononça que cela était impossible. J'insistai ; il répondit alors : Je n'y vais plus. J'y renonçai pour ne pas entraver sa liberté, mais j'y ai été quand même, non pour lui désobéir, mais pour l'apercevoir peut-être : c'était le seul endroit du monde où il avait paru vouloir se rendre ! S'il m'eût nommé la Chine, à tout hasard, j'aurais été en Chine.

— C'est donc ça que vous avez chanté à Édimbourg, dit la duchesse, et que vous ne m'avez pas fait l'honneur de me donner signe de vie ? J'étais pourtant fort près de là, dans une terre de mon amie lady ***.

— Vous étiez là, dit la Mozzelli en pâlissant ; je ne l'ai pas su !

— Alors, je vous pardonne. Eh bien ? et votre délicieux Melvil, est-ce qu'il s'y trouvait réellement, à Édimbourg ?

— Oui, il s'y trouvait. Vous l'ignoriez ?

— Naturellement ! Alors, vous vous êtes adorés de plus belle ?

— Oui, mais sans nous le dire. La première fois que je l'aperçus au concert, dans la salle, j'étais ivre de joie. Ah ! comme je chantai bien ! Je ne chantais que pour lui. Il était bien ému, mais il ne s'approcha pas de moi, et, comme je compris qu'il avait des motifs pour cela dont je ne pouvais pas être juge, je fis semblant de ne pas le connaître. Mais je l'attendis, le soir, chez moi : j'étais sûre qu'il viendrait. Il ne vint pas, ni le lendemain non plus. Le surlendemain, je le rencontrai à la promenade. Il était seul et moi avec du monde. Il me regarda, mais sans me saluer, et je fus obéissante à ce qu'il semblait me prescrire : je le regardai à peine ; je me contentai de penser qu'il était là, qu'il pouvait encore traverser quelques-unes de mes tristes journées comme un éclair, ou plutôt comme un rayon. L'apercevoir un instant, c'était encore immense, et je le lui avais dit, comme je vous l'ai dit tout à l'heure : pour ce bonheur-là, j'aurais été au bout du monde.

« Il l'a compris, et c'est là ma récompense. Un jour de courses de chevaux, comme j'étais seule un instant, il vint à moi à travers la foule et me dit : — Je pars. Je vous remercie de votre délicatesse. — Ah ! vous me remerciez ! lui dis-je avec désespoir ; ce n'était donc pas une épreuve ? — Je n'en aurais pas eu la force ! — Alors, c'est que vous avez ici une maîtresse ! — Si j'en avais une, je vous la sacrifierais. — Vous êtes marié ! — Vous me l'avez déjà demandé ; je vous ai dit : non. — Et vous partez ? — Il le faut. — Vous voulez m'oublier ? — Je ne le pourrais pas. — Dites-moi encore que vous m'aimez, si vous voulez que je vive. — Dites-moi, vous, que vous ne m'aimez plus, voilà ce qu'il faut me dire si vous avez pitié de moi.

« On vint nous séparer, et il s'enfuit. Je ne l'ai plus revu. Mais il y avait tant de combat intérieur, tant de souffrance, tant de véritable douleur dans son dernier regard ! Il m'aime, allez ! il m'aime autant que je l'aime, et, comme rien ne résiste au véritable amour, il se trouvera libre, un matin, par la force de cette destinée qu'un grand cœur parvient à se faire à lui-même. Alors, il saura me retrouver, n'importe où je serai, et, depuis notre séparation, je l'attends tous les jours, à tous les instants de ma vie. Me voilà comme vous, Constance, je vis d'une pensée, d'un espoir, d'un rêve de bonheur, et quand même cela devrait durer quatre ans, j'ai confiance, je crois, j'aime !

— Alors, les paris sont ouverts, dit la duchesse. Reviendra-t-il? ne reviendra-t-il pas? Moi, je parierais bien pour le fiancé de Constance ; elle a cent mille livres de rente et vingt-cinq belles années de vertu; mais, pour vous, qui n'avez que de la passion enthousiaste, ma chère petite, je ne parierais pas deux sous.

— Pourquoi ce mauvais pronostic? dit mademoiselle Verrier. Moi, j'en juge tout autrement. Je crois aux bonnes destinées.

— Il y a trop de hasard et d'inconnu dans la sienne! reprit la duchesse. Elle ne le connaît pas, ce phénix adoré ! Je parie qu'elle ne sait pas seulement son vrai nom ! C'est quelque charmant aventurier !

— Vous voulez maintenant que je vous dise son nom? répondit Sofia. Eh bien ! s'il est vrai que vous l'ayez oublié, tant mieux, vous ne le saurez pas. Il m'a demandé le secret. Quant à son caractère, l'ami qui me l'a présenté m'a dit en deux mots : C'est un homme de cœur et de mérite. Je n'avais pas besoin de cela, je le voyais ! Un homme vulgaire n'a pas cette figure-là ! Quant à sa position dans le monde, à sa fortune, à ses occupations, j'ignore tout, je ne lui ai rien demandé. Je n'ai point passé les courts et précieux moments qu'il a pu me consacrer à causer d'affaires, mais à parler d'amour. S'il est riche, tant pis : la richesse est une chaîne. S'il est pauvre, tant mieux : il se déliera !

— Et vous n'avez pas eu la curiosité de demander quelques détails à votre ami, ne fût-ce que pour savoir si vous pouviez espérer quelque chose dans l'avenir ?

— Non ! cet ami quittait Londres peu de jours après me l'avoir présenté, et, fût-il resté, je n'aurais pas osé l'interroger. C'eût été me trahir, et je voyais bien que... Melvil voulait du mystère dans nos relations. Il avait bien raison. Le mystère est la poésie de l'amour. N'est-ce pas votre avis, Constance ? Vous-même, est-ce que vous ne cachez pas le nom de votre fiancé ?

— Je pourrais le dire à présent, mais c'est un nom obscur qui ne vous apprendrait rien.

— Et puis, dit la duchesse, dans votre position, il ne faut dire cela que la veille du mariage : vous avez fort bien fait...

— C'est de Sofia qu'il s'agit, reprit Constance. Je trouve son histoire bien romanesque, je ne le lui cache pas ; mais, telle que la voilà, croyante, attendrie, absorbée, je la crois bien plus en voie de salut que lorsque je l'ai quittée, niant tout et se niant elle-même.

— Bah ! bah ! dit la duchesse ; je la trouve, moi, à l'apogée de sa folie, d'aimer un inconnu ! Elle s'imagine peut-être avoir charmé quelque grand personnage ; qui sait si, comme dans les drames romantiques, ce n'est pas le bourreau, ou tout bonnement, comme ça peut arriver dans la vie réelle, un simple voyageur de commerce ?

— Bourgeois ou prince, répliqua la Mozzelli blessée, il avait l'âme élevée et proclamait un grand dédain, une sorte de dégoût pour les amours philosophiques.

— Vraiment ? reprit madame d'Évereux toujours gaie. Il était pour la passion effrénée, pour le grand drame ? un poëte du désespoir ? Le Lara de lord Byron tout au moins ?

— Tenez ! s'écria la Mozzelli en saisissant avec une sorte de rage le bras potelé de la duchesse, vous le connaissez ! Il vous a plu, autrefois peut-être ! Et, depuis une heure que vous me raillez, vous faites votre possible pour me rendre jalouse; ou bien vous l'êtes vous-même. Pourquoi ne pas dire les choses comme elles sont, au lieu de vouloir me torturer ?

— Constance, dit la duchesse en changeant de place et en se plaçant derrière mademoiselle Verrier, je me réfugie contre vous, car je crains réellement d'être assassinée ce soir ! J'ai eu une bien mauvaise idée de venir ici, moi !

— Je réponds de vous, soyez tranquille ! dit Constance. Je suis là pour mettre la paix. Mais je vous trouve mauvaises toutes deux, elle de ne pas vous croire loyale, et vous de dénigrer une affection qui la rend heureuse.

— Qu'elle jure sur la tête de sa fille qu'elle ne connaît pas celui que j'aime, et je la croirai, dit la Mozzelli.

— Ma chère signora, répondit la duchesse avec hauteur, ne parlez pas de ma fille, je vous prie. Elle n'est pas ici, et je veux bien rire avec vous de vos aventures; mais que son nom ne soit pas invoqué en pareille matière. Je veux bien aussi vous dire encore une fois que je n'ai pas de prétentions sur votre Melvil. J'ai rencontré un autre Melvil à Londres, en même temps que vous vous affoliez du vôtre, et si je leur donne le même nom, c'est pour m'éviter la peine d'en chercher un nouveau. Occupée de mon Melvil à moi, et dans un tout autre motif que l'amour, je n'ai en aucune façon rêvé de l'objet de vos rêves.

— Quelle énigme est-ce que vous me proposez là? dit la Mozzelli inquiète; je ne comprends pas. Vous me dites que vous aviez une liaison... agréable là-bas, pendant que j'en avais une sérieuse, et que cela doit me tranquilliser?

— Je n'ai pas de liaisons du genre de celles que vous désignez par le mot délicat d'*agréable,* et je laisse aux ingénues comme vous celles qu'il vous plait d'appeler sérieuses. Je vous raconte une histoire pour vous distraire de la fantaisie de m'étrangler, et, en même temps, pour vous faire savoir de quoi j'ai été occupée à Londres. J'ai là une nièce fort intéressante et assez pauvre, que mon amie lady *** s'était mis en tête de marier avec un jeune homme sans naissance, mais riche et fort bien élevé. C'est celui que j'appellerai aussi Melvil pour ne nommer personne, et pour vous dire comment un homme d'esprit et de grand bon sens m'a parlé des femmes en général et des femmes passionnées en particulier.

« Naturellement, nous ne lui jetions pas ma pauvre nièce à la tête, mais lady *** tâtait le terrain, comme on dit, et lui faisait, devant moi, des questions adroites, c'est-à-dire maladroites, sur son passé, sur son avenir, sur les projets qu'il pouvait avoir.

« —Le mariage, nous répondit-il, n'est pas et ne sera jamais chez moi à l'état de projets, comme on l'entend dans le monde. C'est un état sublime, c'est un idéal d'amour et de bonheur, ou c'est une affaire où il ne faut chercher ni bonheur ni amour. Or, me trouvant assez riche pour chercher le bonheur, je ne fais pas d'affaires de ce genre-là, pas plus que je me laisserai considérer comme un chiffre plus ou moins rond dans les projets d'autrui.

« Je fis signe à lady *** de ne pas aller plus loin. Notre homme était sur ses gardes; mais, comme son indépendance d'idées m'intéressait, et qu'il avait une franchise vraiment originale, je causai longtemps avec lui, et nous nous sommes liés bien plus que je ne m'y serais attendue. Il y a des amitiés qui s'improvisent; ce n'est pas le privilége exclusif des passions de naître à première vue. Tout en parlant raison, nous fîmes impression, lui et moi, l'un sur l'autre. Quelqu'un vint et m'entretint d'affaires d'argent. Le Melvil en question en parla aussi bien que de morale et de philosophie. Je dois vous confier que j'avais en Angleterre de gros intérêts en souffrance, et que, le voyant si fort, je lui demandai conseil. Le conseil qu'il me donna était excellent, mais comment le suivre? Je ne le pouvais pas par moi-même, je partais pour l'Écosse. Je reste bien peu de jours à Londres, me dit-il, mais il est possible qu'à travers mes propres occupations, je trouve l'occasion de vous servir, et je la saisirai avidement. Si, par hasard, je réussissais, où faudrait-il vous l'annoncer? Je lui donnai mon adresse en Écosse, et je partis en le remerciant beaucoup, mais ne comptant nullement sur le succès de mon affaire.

« Eh bien, il n'y avait pas huit jours que j'étais dans cette terre de lady ***, non loin d'Édimbourg, lorsque je vis arriver M. Melvil. Il m'apportait les pièces d'un résultat magnifique, et je peux dire que je lui devrai réellement une belle part de mon existence. Voilà, me dit-il avec un peu de malice, de quoi doter votre aimable nièce, et la mettre à même de se marier sans recourir aux calculs où la sympathie n'entre pour rien.

« Vous comprenez bien que j'avais à cœur de réparer la faute de lady *** et de prouver ma reconnaissance à ce digne jeune homme. Je le retins deux jours dans le château de mon amie, et je dois dire que ces deux jours comptent dans mes souvenirs parmi les meilleurs. Je n'ai jamais rencontré d'homme plus distingué, moins roturier de caractère et plus grand seigneur par l'élévation des idées et des sentiments. A cela se joint, chez lui, une philosophie aimable, une admirable tolérance et un bon sens pratique, spirituel au possible.

— Mais où voulez-vous donc en venir avec cette histoire? dit la Mozzelli, de plus en plus alarmée.

— A occuper une heure de loisir en vous faisant connaître le jugement d'un homme remarquable sur les idées qui vous tournent la cervelle, sur la passion en particulier. Les passions, me disait-il, sont les mêmes chez tous et pour tous. J'ai un peu voyagé, j'ai parcouru l'Europe, et j'y ai vu partout régner deux appétits suprêmes : l'amour de l'argent et l'amour des femmes. L'ambition exclusive du pouvoir ou de la célébrité est le partage du petit nombre; la masse court au plaisir et à la richesse. Et, dans cette masse même, il y a une immense majorité qui, ne pouvant espérer la fortune, garde vivace l'ardeur des sens. On peut donc dire que c'est la soif de l'amour sous toutes ses formes qui gouverne le monde. Ceux qui le nient sont mal informés.

« La femme, disait-il encore, est donc toujours reine, effroyablement reine, puisque l'homme, quel qu'il soit, vieux ou jeune, riche ou pauvre, intelligent ou inepte, oisif ou accablé de travail, poëte ou sceptique, subit l'empire de la grâce et de la beauté. C'est même une opinion régnante au milieu de toutes les autres, et plus puissante que toutes les autres, de regarder comme un niais parfaitement ridicule l'homme qui résisterait, par moralité ou par prudence, aux avances d'une belle femme; et peut-être toute la sagesse, toute l'habileté, toute la force morale de notre époque consiste-t-elle à sortir de la lutte des intérêts contre les passions, après avoir été assez habile et assez ardent pour satisfaire les unes et les autres. »

— Me voilà tranquille ! dit la Sofia en respirant avec force. Dieu me pardonne ! j'ai cru que vous vouliez me faire deviner une infidélité de celui que j'aime ! Mais votre Melvil n'est pas le mien ; je le vois à présent ! Il n'a pas cette froideur et ce positivisme !

— Votre Melvil prétend donc, reprit la duchesse, qu'on aime une femme au point de lui rester fidèle toute sa vie ?

— Il ne parlait jamais de cela. Il ne discutait pas et ne raisonnait guère. C'est en cela qu'il était aimable. Il était tout droiture et tout spontanéité, et quand il disait *j'aime*, on sentait qu'il n'aimait pas toutes les femmes, mais une seule !

— Eh bien, reprit la duchesse, mon Melvil ne disait pas le contraire, et vous me rappelez qu'il avait aussi une théorie fort bonne sur ce point, que l'on préfère toujours une certaine femme avec laquelle on tend à passer sa vie ou avec laquelle on regrette de ne pouvoir la passer. Il reconnaissait la fidélité du cœur et les doux liens de l'amitié, de l'habitude, de l'estime et du respect. Mais il ne faisait point de pathos pour cela. Il n'avait rien de ridicule et ne se posait pas en rigoriste. Il ne faisait point fi de la liberté accordée à l'homme par l'usage et l'opinion, et, loin de maudire les femmes qui donnent du bonheur sans imposer d'obligations pénibles et dangereuses, il parlait d'elles avec une tendre et parfaite reconnaissance. Elles étaient l'objet de son respect tout comme les vestales. Il se disait un peu saint-simonien et fouriériste aussi de ce côté-là, et cela, sans manquer d'un certain idéal. La femme austère, disait-il, mérite un culte quand l'amour est le mobile de sa vertu ; mais il y a au-dessous des autels des trônes pour les autres puissances, la bonté, la beauté, et même la volupté !

— Tout ceci veut dire, reprit la Mozzelli agitée d'un tremblement nerveux, qu'il s'est prosterné devant le dernier de ces trônes inférieurs, et vous mourez d'envie de me persuader que nos deux Melvil ne font qu'un !

— Encore ! s'écria la duchesse. Vous comptez donc bien peu sur le vôtre ? Regardez Constance ! il y a un Melvil quelconque dans sa vie, et elle m'écoute fort tranquillement.

— Fort tranquillement, comme vous voyez, répondit Constance ; mais je n'approuve pas l'espèce de persécution cruelle que vous faites subir à notre amie. Si c'est une vengeance des soupçons gratuits et irréfléchis que vous avez surpris tout à l'heure, elle a duré assez longtemps. Revenez à votre extrême bonté naturelle, et dites-lui bien qu'il n'y a rien de commun entre les deux personnages...

En ce moment, la clochette de la grille du petit jardin fut secouée avec force : Constance tressaillit involontairement : c'était peut-être Abel qui arrivait trois jours plus tôt qu'il ne s'était annoncé, et qui, ne la trouvant pas chez elle, avait su où elle était. Mais elle n'eût pas voulu le revoir en présence de la duchesse, et elle se leva pour cacher son émotion. — Voilà une visite qui vous arrive, dit-elle à la Sofia, je vous laisse.

— Non! répondit la Mozzelli, j'ai défendu ma porte, et je n'attends personne, à moins que... Et, tout aussitôt saisie, à son tour, par la pensée que ce pouvait être celui qu'elle attendait quand même, à toute heure de sa vie, elle courut vers la grille, à travers les buissons de fleurs que sa robe effeuillait en passant.

— Il serait très-plaisant, dit la duchesse à Constance, que ce fût son inconnu!

— Eh bien, si c'est le vôtre, ne vous montrez pas, dit Constance, ayez pitié...

— Le mien, le mien!... répondit la duchesse; comment l'entendez-vous? Mais elle ne put tenir son sérieux, et elle ajouta : Le fait est, ma chère, que c'est le même, et que la scène serait une scène de haute comédie, s'il se trouvait en face de la Mozzelli et de moi!

— Écoutez! s'écria Constance avec un mouvement brusque.

La duchesse écouta.

La Mozzelli avait laissé échapper un cri de joie, et l'inconnu une exclamation de surprise. La duchesse monta sur le banc où elle avait été assise, et, dans la mystérieuse clarté du ciel étoilé, elle vit, par-dessus les arbustes des plates-bandes, la Mozzelli serrer dans ses bras avec transport un homme dont elle-même reconnaissait la voix. — C'est lui, dit-elle à Constance, c'est son amant et mon serviteur, celui que nous avons appelé, ce soir, Melvil, et qui se nomme tout simplement Raoul Mahoult. Eh bien, ma chère, qu'en dites-vous ?

— Ça m'est égal ! répondit froidement Constance.

Et comme elle ne paraissait plus songer à retenir la duchesse, celle-ci la quitta et alla rejoindre la Mozzelli, curieuse et charmée qu'elle était de se donner un divertissement de haut goût en suspendant la vengeance sur la tête de sa rivale. Elle n'était nullement jalouse de M. Mahoult, mais elle avait de la peine à pardonner à la Sofia d'avoir cru s'élever au-dessus d'elle par l'amour.

La Mozzelli entraînait son amant vers le salon, comptant sans doute l'y laisser le temps de congédier ses deux amies; mais le jeune homme hésitait beaucoup à la suivre :

— Vous n'êtes pas seule, lui disait-il à voix basse; je sais que vous n'êtes pas seule !

— Je serai seule tout à l'heure; venez vite, répondait la Sofia.

Et comme Raoult Mahoult sentait la nécessité d'une prompte explication avec elle, il la suivit. Mais, au moment où ils entraient dans le rayon de lumière qui s'échappait des croisées du salon sur le feuillage du jardin, la duchesse parut et vint à eux, belle, sereine

10.

et amère : Némésis en cheveux blonds et en robe de dentelle.

Mahoult tressaillit et retira sa main de celles de Sofia. Mais il était homme du monde, et il salua la duchesse sans paraître déconcerté. Il ne lui venait pas à la pensée qu'elle eût pu se vanter d'une de ses plus audacieuses fantaisies.

La duchesse eut pitié de la Mozzelli, dont les yeux ardents allaient d'elle à son amant. Elle salua Raoul comme quelqu'un que l'on voit pour la première fois, et se contenta d'entrer au salon pour y prendre son châle, en priant la Mozzelli de donner des ordres pour que l'on fît avancer sa voiture.

La Mozzelli sonna. Elle était tremblante, éperdue ; mais la duchesse jouait parfaitement son rôle, et Raoul était impassible. Elle se tranquillisa, et, se rappelant Constance, elle courut vers le banc où elle l'avait laissée, afin de lui dire sa joie et de recevoir ses adieux.

La duchesse et Raoul Mahoult restèrent donc quelques instants seuls au salon. L'échange des paroles fut rapide :

— Je ne m'attendais pas au bonheur de vous rencontrer ici, madame la duchesse.

— Ni moi au plaisir de vous y voir arriver.

— Est-ce que vous êtes établie à Nice?

— Mais oui. Et vous, y venez-vous pour quelque temps?

— Non, je pars demain matin.

— Et vous passez la nuit... *ici?*

— Pourquoi supposez-vous...?

— Je ne suppose pas, je sais !

— Ah!... Et la personne chez qui vous êtes sait-elle donc aussi...

— Elle se doute ! Mais je suis généreuse autant que vous êtes discret.

— Elle proclame donc...

— Vous ne saviez donc pas que j'étais son amie intime, sa confidente ?

— Êtes-vous la seule? N'y a-t-il pas ici d'autres personnes...

— Il y avait une autre personne qui ne vous connaît pas, et qui, encore plus discrète que moi, va se retirer sans vouloir regarder le mystérieux prince de la Mozzelli.

— Est-ce que la Mozzelli me nomme?

— Non ! reprit la duchesse qui ne voulut pas se vanter de son indiscrétion, elle vous appelle Melvil.

Raoul surmonta une violente anxiété, et se tourna vers la muraille, comme pour regarder un tableau, mais, en effet, pour se soustraire à l'examen de la duchesse. Il lui tardait de se trouver seul avec la Mozzelli, de lui parler franchement s'il était possible, et de s'enfuir au plus vite. La Mozzelli rentra en disant à la duchesse :

— Eh bien, où est donc Constance? je ne la trouve pas dans le jardin !

— Elle sera partie sans rien dire, répondit la duchesse. C'est ce qu'elle avait de mieux à faire. Je vous quitte aussi, ma chère!

Et après avoir salué Raoul, elle se retira en disant à Sofia, qui la reconduisait :

— Oui-da! il me paraît encore mieux que je ne pensais, votre Melvil! Il a de la tenue et de la physionomie! Je vous en fais mon sincère compliment, et cette fois, vous voyez, je vous le fais bien bas!

Après s'être bien assurée du départ de la duchesse, la Mozzelli tira elle-même les verrous de la grille du jardin et vint retrouver Raoul au salon. Il avait toujours son chapeau à la main et était resté ganté, debout, comme prêt à s'en aller.

— Qu'est-ce donc? lui dit-elle avec effroi et en tâchant de le faire asseoir; nous sommes seuls, qu'attendez-vous pour me dire que c'est vous et non pas un autre? Je ne reconnais plus ni votre figure ni votre voix! Vos yeux distraits me font peur. Raoul, parlez-moi! Il me semble que vous ne veniez pas ici pour moi!

— Eh bien! non, je serai franc, comme c'est mon devoir et ma volonté, répondit Raoul. On m'avait indiqué la maison sans vous nommer... Je ne vous savais pas ici!

— Ah! vous y veniez pour la duchesse!

— Encore moins.

— Vous mentez! s'écria la Mozzelli retombant dans l'âpreté de ses anciennes colères. Vous venez de chez elle!

— Je vous jure que je ne sais pas où elle demeure, et que ma première visite a été pour une personne qu'un laquais m'a dit être ici, mademoiselle Cécile Verrier. N'y était-elle pas ?

— Cécile Verrier ? Non ! s'écria la Mozzelli étonnée ; mais vous la connaissez donc ?

— Apparemment ! répondit Raoul, et je suis chargé d'un message pour elle.

— De la part d'Abel ?

— Abel ! d'où connaissez-vous Abel ?

— On m'a parlé de lui. Où est-il ? Quand vient-il ?

— Ceci ne regarde que mademoiselle Verrier... Parlons de nous maintenant, je vous prie.

— Ah ! oui, parlons de nous, dit la Mozzelli avec amertume. A quoi bon ? Je sais que vous me trompez ! Vous n'ignoriez pas, en allant chez mademoiselle Verrier, qu'elle demeure dans la même maison que la duchesse.

— Je l'ignorais, répondit Raoul, visiblement surpris et contrarié de cette circonstance. Je ne me suis pas arrêté une heure en voyage, et il n'y a pas une heure que je suis arrivé. Je ne savais rien du monde qui pouvait être ici ; je ne m'intéressais à rien... qu'à la mission que j'y devais remplir.

— Vous m'inquiétez pour Constance, dit la Mozzelli qui commençait à se rassurer pour elle-même. Une mission pressée, importante, peut-être ? Abel ne revient donc pas ? Est-il mort, ou est-ce qu'il l'abandonne ?

— Non ! répondit Raoul avec fermeté. Jamais Abel

n'abandonnera Constance ; mais, encore une fois, permettez-moi de vous parler de vous et de moi.

— Attendez ! reprit la Mozzelli en l'examinant d'un œil méfiant et scrutateur : vous connaissez Abel, vous êtes dans la confidence de ses relations avec mademoiselle Constance Verrier ? vous connaissez peut-être Constance elle-même ? et, en me voyant ouvrir la grille du jardin, vous ne me l'avez pas nommée, vous n'avez pas couru ensuite après elle pour lui parler... Tout cela est singulier !

— Je vais me rendre chez elle ; mais, avant de vous faire mes adieux, je veux avoir une explication avec vous.

— Vos adieux ! vous me quittez ! s'écria la Mozzelli, ramenée à un nouveau sujet d'effroi ; vous savez, à présent, que je suis là ; vous voyez que je vous aime plus que jamais, et vous partez ?

— Écoutez, ma chère Sofia, dit Raoul en s'asseyant et en lui prenant les deux mains, je vous ai aimée, je ne pourrais pas le nier sans me mentir à moi-même ; pourtant, quand on m'a présenté à vous, j'étais à cent lieues de me croire épris de vous. Je suis sensible aux arts, j'adore la musique, le théâtre m'impressionne encore ; tout cela parce que j'ai une vie active et froide, absorbée par les affaires et tendue vers un but positif. J'avais donc été, en vous écoutant, transporté dans ce monde de l'émotion où je suis rarement libre de pénétrer ; j'admirais en vous une artiste inspirée, je n'avais pas songé à la femme.

« La femme eût pu me laisser seulement un souvenir poétique..., elle ne le voulut pas, ou du moins elle se sentit entraînée à m'en laisser un plus vif. En me donnant un de ses bouquets, elle toucha ma main, qui tremblait un peu, de sa main brûlante, en attachant des yeux humides sur les miens.

« Je suis homme, je suis jeune, j'ai eu une existence rigide et contenue, et pourtant je suis enthousiaste. Le désir m'envahit tout d'un coup, et j'eus beau me raisonner, je ne dormis pas de la nuit.

« Je passai la journée du lendemain à me combattre. Le soir, mes pieds me portèrent chez vous malgré moi. J'étais forcé de partir le jour suivant pour Édimbourg. Ceci me rassurait. Je vais la trouver entourée, me disais-je, et ma visite, qu'elle n'a pas autorisée, va lui sembler déplacée. Elle me battra froid ou elle ne m'apercevra pas. Je sortirai guéri de chez elle. »

— Ah! tout cela n'est pas vrai! dit la Mozzelli avec angoisse : vous aviez bien vu que la femme vous adorait déjà !

— Oui, j'avais cru le voir, et c'est pour cela que je perdis la tête ; mais je me disais que j'avais dû me tromper, que l'artiste, enivrée par son triomphe et brisée par ses émotions, devait avoir de ces moments d'abandon sympathique avec le premier venu, sans penser à lui peut-être, et que j'allais la retrouver hautaine ou moqueuse, et, à coup sûr, reposée et indifférente.

« J'entrai chez elle, surpris de la trouver seule. Elle

me reçut avec des yeux noyés, une voix mourante, un élan irrésistible, un mot à rendre fou le plus sage. En cet instant-là, je ne pus pas me rappeler que je n'étais pas libre. Cela était au-dessus des forces humaines.

— Ah! vous n'étiez pas libre! dit la Mozzelli avec un sourire amer.

— Je vous l'ai dit : je ne m'appartenais pas!

— Vous avez dit que vous étiez esclave de vos occupations; que des intérêts sacrés vous forçaient de partir, mais que vous n'étiez pas marié et que vous ne connaissiez en Angleterre aucune femme.

— Je vous disais la vérité, et je ne me suis pas laissé interroger davantage.

— Mais, à présent, je vous interroge...

— Je vous dirai tout. Ce sera cruel, mais je n'ai pas commandé aux circonstances; au contraire, elles me surprennent et me pressent étrangement! Je ne me croyais pas aimé de vous d'une manière aussi durable...

— Taisez-vous! s'écria la Mozzelli; foulez aux pieds votre amour, mais respectez le mien! Il était immense, il était toute ma vie. J'ai cru qu'en ne l'acceptant pas, vous le compreniez! C'était toute ma consolation, tout mon courage!... Ah! tenez, je vois bien que vous allez me tuer, mais il y a des choses qu'il ne faut pas me dire!

— Vous avez raison, Sofia, et je ne vous les dirais qu'en m'accusant moi-même. Non! je ne doute pas de votre cœur en ce moment, et je suis de trop bonne foi pour feindre d'en douter ; mais je me suis fait illusion sur la portée de nos liens et sur la durée de vos souvenirs. Vous m'aviez rendu fou. Il m'a fallu, pour vous quitter au bout de huit jours, une force de volonté extraordinaire. J'ai pourtant résolu de vous oublier, et jamais je n'ai fait à ma conscience un plus rude sacrifice.

— C'est pour cela que vous avez été voir la duchesse auprès d'Édimbourg, n'est-ce pas ? dit la Mozzelli pâle et les dents serrées.

— Si vous savez que j'ai été la voir, vous en savez aussi le motif. Elle m'avait confié...

— Oui, beaucoup d'argent à placer ou à retirer, quelque chose comme cela ! La duchesse est quelquefois très-reconnaissante !... Mais ne froncez pas le sourcil. Je sais qu'un homme d'honneur ne peut avouer une trahison sans compromettre la femme qui s'en est rendue complice. C'est commode ! Allez toujours, je vous écoute.

— Quand vos suppositions seraient fondées, reprit sévèrement Raoul Mahoult, je ne vous eusse point trahie, je vous avais dit adieu pour toujours.

— Et cependant vous m'avez reparlé de votre attachement, à Édimbourg !

— Et de ma résolution d'en guérir.

— Résolution que la duchesse a beaucoup secondée ?

— Je ne l'ai revue qu'ici, tout à l'heure, et je peux vous donner ma parole que je n'ai aucune espèce d'amour pour cette dame.

— Je vous crois ! Elle méprise l'amour et n'autorise qu'une sorte d'amitié...

— Pour Dieu ! laissons la duchesse en repos ! reprit Raoul avec impatience ; nous perdons un temps précieux à parler d'elle, et ce n'est pas d'elle qu'il s'agit.

— De qui s'agit-il ? voyons.

— Il s'agit de nous quitter sans retour, répondit Raoul, un peu endurci par le dépit de la Mozzelli.

— Je le vois bien ! reprit-elle avec un abattement qui le désarma. Dites-moi au moins pourquoi ! Essayez de me prouver que cela est inévitable comme de mourir !

— Cela est inévitable pour moi comme le devoir de vivre en honnête homme, ma chère Sofia. Je ne m'appartiens pas, j'appartiens à une femme que je dois préférer à toutes les autres.

— Ah ! oui, je sais ! Attendez ! reprit la Sofia retrouvant les forces de sa colère, vous avez dit cela à madame d'Évereux. On a dans sa vie un idéal, ce qui n'empêche pas...

— Ce que j'ai pu dire en thèse générale, je m'en souviens fort peu, et il est possible qu'en le répétant on l'ait beaucoup changé, faute de le bien comprendre. Je ne sais qu'une chose, c'est qu'avec vous je n'ai rien raisonné ; j'ai été dominé, et comme terrassé par les forces vives de la jeunesse. Je ne vous ai pas trompée ; je n'ai fait ni mensonges, ni promesses, ni déclamations pour vous persuader ; je ne vous ai pas obsédée de mes poursuites ; je n'ai pas surpris votre bonne foi.

— Il est vrai, je me suis livrée moi-même avec une loyauté bien méprisable !

— Dieu me préserve de mépriser une confiance qui m'avait si puissamment fasciné et si entièrement vaincu ! Il n'y a qu'un lâche qui puisse reprocher à une femme la généreuse faiblesse dont il a profité. Moi, je ne vous dirai pas que je vous en remercie, ce serait banal ; mais je vous promets, en échange de quelques jours d'ivresse, un respect et au besoin une protection de toute la vie.

La Mozzelli sentit que ce n'était pas là un serment frivole, encore moins une défaite. Attendrie un instant et puis désespérée : — Je vous perds, dit-elle, voilà tout ce que je comprends ! Cette femme que l'on préfère à toutes les autres, en dépit des faiblesses passagères auxquelles un homme peut succomber, j'avais rêvé que c'était moi, et j'aurais pardonné un caprice avec la duchesse. Oui ! je me serais vengée d'elle de cette façon-là ! J'aurais regardé ses bontés pour vous comme rien ! Mais vous aimez réellement une femme, et c'est pour celle-là que vous me quittez.

— Je vous quitte pour celle qui a, depuis longtemps, mon cœur et ma parole. Elle est le premier, le seul amour fort et sérieux de ma vie. Elle est ma sœur, ma mère et ma femme par la pensée, par l'estime mutuelle, par l'habitude de compter l'un sur l'autre. C'est pour elle et pour notre avenir que je travaille depuis longtemps ; c'est pour retourner à elle que je vous ai quittée et que j'ai pu surmonter le terrible charme qui m'avait jeté à vos pieds. Il y a plus de dix ans que je l'aime, il y en a quatre que je ne l'ai vue...

Un cri déchirant s'exhala du cœur de la Mozzelli.

— Vous êtes Abel! s'écria-t-elle; cette idée-là m'avait déjà traversé l'esprit tout à l'heure! Vous êtes le fiancé de Constance! j'aurais dû le deviner plus tôt!

— Oui! vous eussiez dû le deviner au courage que j'ai eu de vous quitter à Londres et de ne pas retourner vous voir à Édimbourg. Il n'y a que Constance au monde qui pouvait me l'inspirer.

La Mozzelli garda un instant le silence. Elle était pâle et immobile comme la statue contre laquelle elle se trouvait assise, et qui était une copie de la Polymnie antique. Cette tête de marbre blanc, si tranquillement posée sur la main, avait l'air d'écouter Raoul, tandis que, roidement adossée contre le socle de la statue, les yeux sans regard et l'esprit sans gouvernail, la pauvre Mozzelli n'entendait et ne comprenait plus rien.

— Sofia! lui dit Raoul en s'efforçant de la réveiller de cette torpeur, vous aimez tendrement Constance puisque vous n'aviez pas de secrets pour elle?

— Je la hais et je la tuerai! dit la Mozzelli en se levant: c'est elle qui m'avait appris à aimer!

— Non! vous sacrifierez votre dépit à son repos et à votre propre dignité, vous vous tairez.

— Me taire? Il n'est plus temps! Je lui ai tout dit, excepté votre nom; et vous croyez qu'elle ne saura pas que c'est vous qui êtes venu la chercher ici? Vous croyez qu'elle ne le sait pas déjà? Ou elle a reconnu votre voix quand vous êtes entré, ou la duchesse vous a nommé, à l'heure qu'il est; car, pas plus que moi, la duchesse ne voyait en vous le fiancé de Constance. Il y a donc ici trois femmes que vous avez trompées, et qui, à votre insu, n'avaient pas de secrets entre elles. Eh bien ! ces trois femmes, qui s'aimaient et qui se haïssent maintenant, auront encore un lien commun : le mépris et le ressentiment qu'elles vous doivent !

— Non ! répondit Raoul, un instant blessé, mais aussitôt maître de lui-même. Ces trois femmes s'aimeront encore, car elles ne se sont pas trompées mutuellement; et moi, je n'en ai trompé aucune.

— Ah ! vous n'avez pas trompé Constance ? Vous lui avez confié vos transports d'amour avec moi, vos raffinements d'esprit avec la duchesse ? Constance savait tout cela quand elle en écoutait, ce soir, le double récit ?

— Constance ne savait rien, et j'espère qu'elle ne sait rien encore. Je ne crois pas possible qu'elle m'ait vu ou entendu ici, et je suis sûr que la duchesse ne fera point une mauvaise action.

— Vous comptez sur son *amitié* fidèle ou sur sa pudeur ?

— Il vous plaît de persister à croire que la duchesse m'a honoré de ses bontés; moi, je vous réponds simplement que la duchesse est généreuse et prudente. C'est à votre pudeur et à votre amitié que je fais appel ici.

— Oui ! c'est mon silence que vous me demandez ? Vous ne craignez que moi ?

— Je ne crains personne, et, si vous n'avez pas de cœur, je ne vous demande rien. J'aurais voulu obtenir de vous du calme et de la discrétion pendant quelques jours, pendant vingt-quatre heures au moins. J'aurais emmené Constance, et, à sa première question sur ma fidélité, je lui aurais dit ce que vous allez me forcer de lui dire tout de suite avant qu'elle m'interroge ; à savoir, que je l'aime plus que tout au monde, et que je lui sacrifie sans retour les courtes passions qui, malgré moi, ont effleuré et quelquefois agité ma vie, sans jamais la traverser réellement et sans me détourner de mon but, qui est d'épouser Constance et de rendre indissoluble l'affection suprême que je lui porte.

— Oui, oui, je vois ! dit la Mozzelli anéantie ; vous étiez tout pour moi, et je n'ai été pour vous qu'un incident de voyage. Épris d'une seule femme, vous avez cédé au besoin des distractions. Ceci est l'histoire de tous les hommes, et Constance pourra aisément vous pardonner. Mais moi, je ne vous pardonnerai jamais de m'avoir laissé rêver le ciel dans votre bras. Il fallait me dire que vous me préfériez quelqu'un.

— Nous ne nous sommes pas fait cette question l'un à l'autre.

— Vous saviez que je n'aimais personne.

— Je vous jure que je ne m'en étais pas informé.

— Alors, vous êtes venu chez moi comme on va chez une courtisane !

— Vous savez que non ! Je vous ai aimée, et je vous aime encore, non plus avec passion, — la présence de Constance est mon égide désormais contre toutes les surprises de la vie, — mais avec reconnaissance et amitié véritable, à moins que vous ne me repoussiez le cœur en me montrant une face de votre caractère que je ne connaissais pas, le dépit et la vengeance !

— Allons, partez ! répondit la Mozzelli brisée. Profitez d'un moment où la force manque à mon désespoir. Si vous restez plus longtemps, Constance, qui vous sait sans doute arrivé, s'inquiétera...

— Constance ne peut pas me savoir arrivé. Je ne me suis pas nommé aux gens de la maison qu'elle habite. J'ai su qu'elle était dans une autre maison de la ville. J'étais si pressé de la revoir, que je suis venu, dans la nuit, le chapeau sur les yeux, par les rues désertes : Constance ne m'attend donc pas, et je ne veux pas vous quitter sans vous avoir rendu le courage et la raison.

— Vous me craignez, vous dis-je, et voilà tout !

— Résolu à me confesser sincèrement, je ne peux pas vous craindre. J'aurais voulu, j'en conviens, épargner un moment de surprise et de chagrin à ma fiancée, et ne rien ôter à la joie de notre première entrevue. Mais vous me refusez cela, et je suis trop fier pour insister. Si je fais encore un effort pour vous adoucir, croyez-en la parole d'un homme droit et courageux, c'est pour vous encore plus que pour moi-même.

## XIV

Raoul Mahoult n'avait rien de perfide ou de mesquin dans le caractère. Il disait toute sa pensée, et il se sentait très-fort parce qu'il se sentait très-franc et foncièrement bon. C'était là tout le secret de son ascendant sur les femmes. Sa figure, régulière et douce d'expression, avait une fermeté de lignes qui révélait une énergie tranquille, et comme qui dirait tenue en réserve pour la véritable occasion. Beaucoup d'hommes étaient plus beaux, aucun plus sympathique aux honnêtes gens. Les fripons renonçaient vite à le tromper, les faibles se sentaient attirés sous sa protection, les indécis subissaient avec plaisir l'heureux prestige d'un esprit actif et lucide.

Il avait l'intelligence élevée, mais plutôt pratique que contemplative. Austère dans sa première jeunesse et fidèle par principe, il avait longtemps ignoré qu'il y eût au monde d'autres femmes que Constance, et même il avait surmonté héroïquement ses passions pendant les deux premières années de leur séparation.

Les voyages avaient modifié son organisation sans changer son caractère. Une santé énergique avait remplacé le tempérament un peu lymphatique de l'enfant de Paris. Il avait senti s'éveiller le besoin impérieux des émotions vives, et, perdant courage, il avait écrit à Constance : « Laissez-moi revenir, marions-nous, et je repartirai le lendemain s'il le faut, à moins que vous ne consentiez à me suivre. »

Constance n'avait pas compris toute l'angoisse de cette prière. Elle ne pouvait exposer sa vieille tante souffrante à de longs et pénibles voyages. Cécile n'avait qu'elle au monde et ne supporterait pas son absence. Constance craignit donc de voir Abel beaucoup plus malheureux si, après l'avoir revue, il était forcé de la quitter encore. Elle l'exhorta au courage. Abel avait beaucoup d'orgueil, il ne voulut pas paraître faible. Il s'acharna à son œuvre, et succomba à ses passions.

Ces chutes furent rares, mais quelquefois plus sérieuses qu'elles ne l'eussent été dans la vie facile d'un homme de plaisir. Il lui était presque impossible de séparer les sens de l'esprit ou du cœur, quelque résolution qu'il prît à cet égard. Il avait l'instinct de l'attachement et du dévouement. Aussi ses faiblesses lui créèrent-elles de sérieux remords, et, quand il avait à rompre des liens qu'il regardait avec raison comme illégitimes, il faisait à son amour pour Constance et à son devoir envers lui-même un sacrifice dont la gravité était une véritable expiation de la faute commise.

La Mozzelli n'avait donc pas été abusée par son imagination, le jour où elle avait deviné en lui un homme très-différent de ceux que la mode et la vanité avaient jetés dans son chemin. Elle avait pressenti la solidité de son caractère et l'élévation de son esprit avec la pénétration instinctive de la femme et de l'artiste. Constance ne s'était pas trompée non plus en regardant comme sacrée la promesse de son retour et la persistance de son affection. La prudente duchesse avait fait de pires folies que celle de se confier à lui dans un accès de reconnaissance et dans un jour de coquetterie acharnée. Elle se fût peut-être abstenue de ce caprice si elle eût connu les liens qui unissaient les fiancés ; elle eût eu plus d'égards pour Constance qu'elle ne se croyait engagée à en avoir pour la Mozzelli ; mais il est certain qu'elle ne raillait pas intérieurement celui qui, pendant un jour, avait accepté son empire, et, en cela, elle dérogeait à ses habitudes.

La pauvre Mozzelli se sentit encore une fois dominée par la sincérité de Raoul. Elle pleura et n'eut plus ni colère ni menaces. Elle avait besoin de son estime encore plus que de son amour, et ceci est la plus grande conquête qu'un homme puisse faire.

Elle promit de partir au point du jour et de ne pas écrire à Constance.

— Dès lors, dit-elle à Raoul, rien ne vous force d'emmener Constance pour lui épargner des orages. Il n'y en aura pas autour de vous, et vous pouvez être heureux pendant que je traînerai au loin mon humiliation et ma misère. Gardez-lui notre secret, faites que la duchesse le garde aussi, et oubliez-moi !

— Garder votre secret, c'est-à-dire ne jamais vous nommer, oui, certes ! répondit Raoul ; mais tromper

Constance sur mes égarements passés, je ne le pourrai pas. Sans courage et sans loyauté, il n'y a rien de possible en ce monde !

— Vous avez raison, répondit la Mozzelli, et cependant... Tenez ! si vous voulez que je pousse le dévouement à votre bonheur jusqu'à vous donner un conseil, écoutez celui-ci : Il est fort possible que Constance ne vous interroge jamais sur vos relations avec les femmes durant les années de votre séparation. C'est une femme supérieure, elle ! une femme extraordinaire ! Ou elle a la candeur et la chasteté de croire que vous avez pu lui être fidèle, ou elle a tout accepté par la réflexion et le raisonnement. Elle a autant de justice que d'innocence, autant de sagesse que de simplicité. Si elle ne vous demande rien, ne lui dites rien ! peut-être aimera-t-elle mieux ne rien savoir. Peut-être quand vous serez forcé d'entrer dans des détails, même pour vous excuser, lui enfoncerez-vous des aiguilles dans le cœur ; et vous savez qu'une aiguille tue aussi bien qu'un poignard.

— Oui, je le sais, répondit Raoul, et pourtant, si elle l'exige, je me confesserai, j'y suis résolu. Je n'ai point passé quatre ans loin d'elle sans interroger l'avenir, et mon bonheur ne veut rien devoir au mensonge. Je préférerais de beaucoup sa curiosité à une confiance trop puérile, et je serais effrayé de l'épouser sans qu'elle me connût comme Dieu me connaît. Constance n'est plus une enfant, et une enfant seule croit à l'austérité monacale d'un homme de mon âge, séparé d'elle depuis si longtemps.

En ce moment, la porte du salon s'ouvrit avec impétuosité, et la duchesse entra en s'écriant :

— Constance n'est pas ici ? où peut-elle être ?

— Quoi ! n'est-elle pas rentrée chez elle ? dit la Mozzelli effrayée.

— Non. Sa tante est venue dans mon appartement pour la demander, et elle l'attend encore. J'ai caché mon inquiétude à cette pauvre femme et je suis accourue. J'ai trouvé la voiture de Constance à votre porte ; mais elle ! elle est donc restée au jardin ?

Tous trois s'élancèrent hors du salon.

— Où l'aviez-vous laissée ? dit Raoul épouvanté.

— Là ! répondit la duchesse courant vers le berceau de roses grimpantes où, en apprenant le vrai nom de l'amant de ses deux compagnes, Constance avait froidement répondu : *Ça m'est égal !*

— Elle n'y est plus, il n'y a là personne ! dit la duchesse en entrant sous le berceau. C'est là qu'elle était restée assise et fort calme.

Raoul s'avança jusqu'au fond de la tonnelle, se pencha, et vit une forme grisâtre étendue derrière le banc. Il toucha une robe de soie, et, avec un cri de désespoir, il releva Constance immobile, glacée, et comme déjà roidie par la mort.

— Ah ! s'écria la Mozzelli, elle sait tout ! Qui donc lui a dit le nom de Raoul ?

— Moi ! répondit la duchesse étonnée.

— Eh bien, c'est vous qui l'avez tuée ! reprit la

Mozzelli. Cet homme qui l'emporte dans ses bras, cet homme que nous avons rendu infidèle, c'est celui qu'elle aimait !

Au moment où Raoul déposa Constance sur le divan du salon, la duchesse et la Mozzelli étaient si troublées qu'elles étaient prêtes à s'évanouir elles-mêmes, et qu'elles s'agitaient sans la pouvoir secourir. Raoul s'indignait contre elles et les haïssait, en ce moment, autant qu'il se haïssait lui-même. Il ne pouvait que presser Constance dans ses bras tremblants, contre son cœur désolé, pour essayer de la ranimer, et elle restait inerte. La Mozzelli retrouva la première sa présence d'esprit. Elle fit allumer un grand feu et rouler Constance dans des fourrures. On parvint à la réchauffer et à ramener les battements du cœur, mais si faibles et si interrompus, qu'à chaque instant ce pauvre cœur semblait avoir perdu la force de vivre.

Le cas était grave; ce n'était pas une simple crise de nerfs. La circulation du sang avait été brusquement suspendue et refusait de reprendre ses fonctions.

Raoul courut chercher un médecin. Inquiète, la tante de Constance était déjà arrivée avec Julie d'Évereux.

Au bout de trois heures seulement Constance ouvrit ses grands yeux déjà creusés dans ses orbites bleuis, et regarda autour d'elle avec un étonnement profond. Elle reconnut sa tante et sourit faiblement à Julie. Mais elle ne reconnut ni la Mozzelli ni la duchesse, et quand Raoul se hasarda à lui demander si elle se sentait mieux, elle le prit pour un médecin et lui répondit d'une voix à peine saisissable : — Oui, monsieur, je me sens bien.

Il était impossible de songer à la transporter chez elle. On l'installa dans le salon de la cantatrice, entre la cheminée toujours allumée et la statue de marbre blanc, qui, seule, debout au milieu de ce groupe affaibli et prosterné, avait l'air de méditer froidement sur les vicissitudes de la vie humaine.

Le lendemain soir, Constance était un peu mieux dans l'opinion du médecin. Mais sa situation était toujours fort alarmante. Tout le monde avait passé la nuit et la journée dans des craintes mortelles ou dans des émotions poignantes. La duchesse elle-même avait perdu toute sa philosophie. Elle se sentait navrée. Julie ne voulait pas quitter la malade d'une minute ; elle pleurait à briser le cœur de sa mère.

La pauvre enfant, faible elle-même, et incapable de supporter une longue fatigue, s'endormit sur le fauteuil où elle s'était obstinée à rester. On réussit à l'emporter dans la chambre de Sofia, où sa mère la suivit. La vieille mademoiselle Verrier avait conservé un calme effrayant; assise auprès du lit que l'on avait dressé à la hâte pour Constance, elle la regardait et ne voyait rien qu'elle. Elle ne paraissait pas savoir où elle était et ne faisait aucune question sur la cause de son mal. Il semblait qu'en trouvant là Raoul, elle eût deviné tout ; car elle ne lui adressa pas une seule fois la parole, et même elle l'éloignait machinalement d'un geste glacial, lorsqu'il s'approchait de sa nièce.

Il n'y avait pas une larme dans les yeux secs de la vieille fille, et sa taille maigre ne pliait pas d'une ligne sous le poids de la douleur ou de la fatigue ; mais, dans la rigidité de sa figure et de son attitude, on sentait comme une certitude absolue de ne pas survivre à Constance.

La Mozzelli était admirable de courage et d'activité ; elle s'oubliait pour les autres, elle était le dévouement que rien n'abat et ne rebute.

Vers minuit, Raoul se trouva seul avec elle et mademoiselle Verrier auprès de la malade. Sofia ne lui adressait pas un mot. Elle ne le connaissait pas, elle ne l'aimait plus. Toute son âme appartenait à Constance. Elle eût donné sa vie pour elle, et plus que sa vie : sa gloire et son art. Si elle eût pu penser à Raoul, elle l'eût détesté.

Raoul sentait bien l'horreur de sa situation. Il la subissait courageusement. Il méritait une pire expiation, et il l'attendait avec toute l'énergie qu'il tenait de la nature et de la réflexion. Mais si Constance eût pu lire dans son cœur, elle eût vu que ce sont les plus solides et les plus résistants qui souffrent le plus, et elle eût été effrayée de se voir si bien vengée.

A minuit, la duchesse, qui avait sommeillé deux ou trois heures auprès de sa fille, revint au salon et supplia Cécile Verrier d'aller prendre aussi quelques instants de repos. La Mozzelli se mit aux genoux de Cécile, en lui jurant que ni elle ni madame d'Évreux ne quitteraient Constance d'une seconde. Mais la vieille fille fut inflexible.

—Allez vous reposer vous-mêmes, leur dit-elle ; j'ai veillé mon frère pendant douze nuits ; je veillerai ma nièce davantage, s'il le faut !

Constance ne dormait pas. Ses yeux, étrangement fixes, ne s'étaient pas fermés un instant depuis vingt-quatre heures. Quel désastre couvait donc dans sa tête vide et brisée ? La folie ou la mort ? Elle ne paraissait pas savoir qu'elle fût la personne que l'on soignait et dont on épiait le moindre souffle. Quelquefois elle se regardait elle-même, étendue et inerte ; on eût dit qu'elle ne se reconnaissait pas.

Enfin, ses nerfs parurent se détendre, et l'on vit une grosse larme tomber lentement sur sa joue. La tante essuya doucement cette larme, en lui disant avec sa brièveté accoutumée : — Souffres-tu ? Constance fit signe que non et s'assoupit.

Cécile continua de veiller. La duchesse prit un livre. La Mozzelli, résolue à garder ses forces pour le moment où faibliraient celles des autres, se renversa sur le divan et dormit. Raoul, en proie à une fièvre ardente, sortit pour respirer l'air froid de la nuit.

Au bout d'une heure, durant laquelle il alla cent fois écouter le silence qui régnait dans le salon, il vit madame d'Évereux en sortir, et il s'approcha d'elle pour l'interroger.

— Je vous cherchais, lui dit-elle. La pauvre Constance a dormi et paraît aller mieux. Elle a fait signe à sa tante, en me montrant, qu'elle voulait être seule avec elle. Moi, je la crois perdue quand même ; et vous ?

— Moi, répondit Raoul, choqué de la sécheresse des paroles de madame d'Évereux : moi, je suis perdu aussi. Voilà tout ce que je suis capable de comprendre.

— Nous sommes trois ici qui l'avons tuée, reprit la duchesse avec le même sang-froid, au fond duquel, cependant, Raoul sentit peu à peu l'amertume d'une douleur profonde : moi, j'ai porté le coup, et je suis pourtant la moins coupable. J'ignorais tout ce qui la concerne, et mes relations avec vous, sans veille et sans lendemain, ne pouvaient pas constituer une infidélité de votre part, encore moins une trahison de la mienne. Votre engouement de quelques jours pour la Sofia est plus grave : vous l'avez aimée, elle nous l'a dit. Que ce soit avec les sens ou autrement, il vous a fallu faire un grand effort pour la quitter à Londres et pour ne pas la reprendre à Édimbourg. Je sais bien tout ce qui vous excuse et je le ferai valoir. Ni à Londres, ni à Édimbourg, vous ne comptiez chercher les aventures, et je pourrai dire à Constance, si Constance redevient capable d'entendre quelque chose, que vous étiez réellement occupé là et forcé d'y être par le soin de vos affaires. Les miennes, de votre propre aveu, ne vous ont pas pris une heure à Londres, et, quand vous êtes venue en Écosse m'en annoncer le succès, vous n'aviez pas l'intention de vous arrêter plus de dix minutes dans le château de lady\*\*\*. Vous êtes entraînable, malgré votre grande volonté ; mais qui ne l'est pas ? Je ne suis pas de celles qui prêchent un idéal impossible. Seulement, la fatalité vous a bien desservi ! Et puis vous avez été imprudent, vous avez tenté la destinée. Quand on a en vue un mariage comme celui qui vous attendait, et pour fiancée une femme aussi parfaite que Constance, on ne se permet ni fantaisies ni distractions avec les femmes du monde, encore moins avec les actrices, qui sont fort en évidence et qui ne se piquent pas de bien garder leurs propres secrets. Dans votre position, on est plus humble, on se contente de moindres aventures, de tout ce qui n'enchaîne pas et ne reparaît pas. Dans ces conditions-là, on n'a jamais rien à confesser ni à expliquer. On a le droit d'oublier soi-même et de se croire aussi fidèle qu'un chevalier errant des anciens jours.

— Ainsi, répondit Raoul, étonné de cette morale étrange, c'est vous, madame, qui me faites des reproches ?

— Pourquoi pas ? reprit la duchesse. J'ai été un peu coquette avec vous, j'en conviens...

— Non pas ! effroyablement coquette !

— Soit ! c'était à vous de vous défendre, et je n'ai jamais vu qu'une femme eût à se reprocher la faiblesse d'un homme. Vous ne m'aviez parlé ni de la Mozzelli ni de Constance ; j'ai dû vous croire parfaitement libre. Mais je ne vous en veux pas, et je ne me mets nullement en cause, dans un moment où Constance seule m'intéresse et vous préoccupe. Si je vous parle d'elle, c'est parce que je veux, autant que possible, réparer mes torts involontaires. D'abord nier fermement, — c'est votre devoir aussi, — qu'il y ait eu, entre nous, autre chose que des caquetages et des aphorismes.

— Et si Constance me demande ma parole ?

— Vous la donnerez !

— Ah ! c'est ainsi que vous traitez de l'honneur des hommes ?

— Tant pis pour les hommes ! Ceci doit vous faire reconnaître une vérité qu'ils essaient en vain de supprimer en disant qu'il y a pour nous une vertu qui n'est pas la leur. Moi, je n'ai pas l'esprit tellement faussé par la résignation aux choses établies que je ne sache combien cela est faux et injuste. La liberté ou la vertu pour tous et pour toutes, voilà ma doctrine. Vous avez choisi la liberté en voyage, c'est fort bien ! mais il vous faudra manquer à la sincérité, c'est-à-dire à la vertu au logis. L'opinion, qui n'est pas logique, vous permet d'être infidèle, et, d'un autre côté, elle vous défend de nommer vos conquêtes. Un homme qui manque à cette loi, même pour complaire à sa femme, est un sot ou un lâche, et lorsque, pour se préserver de commettre cette platitude, il lui faut traiter sa femme comme un petit enfant, c'est-à-dire lui faire des *mensonges pour son bien,* c'est tant pis pour lui s'il tue le respect de l'épouse et du mariage dans son propre cœur.

— Je vous remercie de la leçon, madame la duchesse, répondit Raoul; elle est juste en ce dernier point, et, certes, je la mérite ! Mais je saurai m'accuser sans compromettre personne. Si Constance exigeait qu'il en fût autrement, je renoncerais à elle plutôt que de me parjurer; elle comprendra qu'elle ne doit exiger que ma propre confession.

— Vous comptez donc sur son pardon ?

— Oui, je l'espérerai tant que Dieu accordera à elle et à moi un souffle de vie, parce que je me sens la force de le mériter encore. J'aurais commis de plus grandes fautes, que mon courage n'en serait pas abattu. C'est vous dire que mon cœur est resté entier pour l'aimer et pour réparer mes torts.

— Et si elle meurt sans avoir pu vous entendre ?

— Si elle meurt, qu'elle m'ait ou non pardonné, ne vous inquiétez pas de moi, madame, je la suivrai !

— Ah ! vous êtes décidé à vous tuer ?

— Oui, madame, répondit Raoul avec une fermeté calme.

— A la bonne heure ! dit la duchesse en le quittant ; je vous approuve et vous rends mon estime.

## XV

Constance fut en grave danger pendant trois jours, après quoi le médecin la regarda comme sauvée, mais non pas quitte d'une altération sensible dans sa santé, laquelle, pendant assez longtemps, devait exiger de grands soins. Il s'entretint en particulier avec la tante, qui lui avait fait pressentir une cause morale dans l'abattement physique de sa nièce, et à laquelle il recommanda d'éviter, autant que possible, les émotions quelconques qui pourraient la menacer.

Quand le mot *sauvée* eut été prononcé, il y eut, chez toutes les personnes qui avaient soigné Constance, une sorte d'anéantissement de fatigue. On s'aperçut qu'on était brisé, et Raoul lui-même dormit profondément. Cependant, personne ne sut si mademoiselle Cécile Verrier avait réellement dormi. On la retrouva droite et les yeux fermés, sur le fauteuil où, la veille, on l'avait laissée dans la même pose, les yeux ouverts. Constance paraissait bien reposée et heureuse de la joie de ses amies.

Mais quand Raoul demanda à la voir, Cécile se leva et lui dit bas, à la porte du salon : *Pas encore!* Sa figure grave n'ajoutait aucun commentaire à cette sentence, et, sans attendre aucune question, elle referma la porte.

Constance demanda à être soulevée sur ses coussins, et prit la main de la Mozzelli, en lui disant :

— J'ai bien des choses à vous dire, mais je suis encore si faible! Ma tante sait; elle va parler pour moi.

— Dois-je me retirer? dit la duchesse.

Constance fit signe que non.

Cécile Verrier prit la parole. — Ma nièce s'est rappelé, dit-elle à la Mozzelli tremblante, que vous deviez partir le lendemain du jour où elle est tombée malade.

C'est à cause d'elle que vous êtes restée ; elle vous en remercie de tout son cœur.

— Oui ! dit Constance, en serrant aussi fort qu'il lui fut possible les mains de la Mozzelli, dans lesquelles la sienne était restée.

La Mozzelli, à genoux près d'elle, colla ses lèvres sur cette main qui pardonnait tout.

— A présent, reprit la vieille fille d'un ton mêlé de douceur et de fermeté, il faut vous en aller. On vous attend à Milan, et vous avez dit à ma nièce que vous auriez à payer un dédit considérable si vous n'y étiez pas le 15. Vous n'avez donc que le temps de vous y rendre. Pourquoi pleurez-vous? Il ne faut pas faire pleurer Constance. Elle est trop faible. Constance vous aime : elle m'a bien recommandé de vous le dire.

— Je ne pleure que de joie de la voir guérie, dit la Mozzelli en s'efforçant d'être calme. Il faut que je parte, c'est vrai ; mais, dussé-je payer plus que je ne possède, je n'aurais pas voulu quitter Constance avant qu'elle eût eu la force de m'entendre. J'avais tant de choses à lui dire, moi aussi !

— Il ne faut pas ! reprit vivement Cécile. Et, d'ailleurs, je sais qu'elle n'a rien contre vous.

Constance fit un effort pour parler :

— Qu'est-ce que je pourrais donc avoir contre elle? dit-elle à sa tante d'un air étonné. Elle est si bonne, et vous voyez, elle m'aime tant !

— Plus que tout au monde ! s'écria la bonne Mozzelli en sanglotant; ou pour mieux dire, je n'aime que vous, et je hais ceux qui vous ont fait ou qui vous feront souffrir.

— Personne ne m'a fait souffrir, répondit Constance : tout le monde a été bon pour moi, et vous... oh! j'ai bien vu... vous étiez au désespoir, n'y songez plus! Me voilà bien, partez et revenez dans deux mois. Vous l'aviez promis!

— Ah! vous restez ici, et vous souhaitez me revoir? dit la Mozzelli, de nouveau tremblante de surprise.

Constance fit signe qu'elle ne pouvait parler longtemps. La tante reprit sur un signe d'elle :

— Le médecin a conseillé trois mois de séjour ici. Nous resterons. Constance se rappelle que vous parliez de louer votre maison. Elle vous demande la préférence. Elle s'y trouve bien, et elle laissera votre chambre libre, afin que vous puissiez revenir. Pourquoi ne désirerait-elle pas vous revoir?

La vieille fille, qui était la sincérité même, dit cette dernière parole avec un effort visible. Savait-elle la vérité? Constance elle-même la savait-elle, ou l'avait-elle oubliée? Dans tous les cas, la nièce aussi bien que la tante parlaient et agissaient comme si elles l'eussent ignorée.

— Vous resterez chez moi, c'est-à-dire chez vous, répondit la Mozzelli, qui crut comprendre la volonté de Constance, et j'y reviendrai si elle me rappelle. Mais si elle m'ordonne de quitter l'Europe et de n'y jamais reparaître, si elle m'ordonnait même de mourir... je lui appartiens, et je n'obéis qu'à une seule personne au monde qui est elle !

Comme cette effusion inquiétait la tante, Constance fit un effort pour la rassurer.

— Elle est toujours exaltée, lui dit-elle en souriant à la Mozzelli avec une ineffable douceur; c'est qu'elle est si aimante! elle pense tout ce qu'elle dit. Adieu, chère enfant, ajouta-t-elle en se penchant vers la cantatrice; embrassez-moi, et revenez bientôt!

La Mozzelli sentit la sublime sincérité du baiser de Constance. Elle se hâta de sortir pour ne pas lui montrer tout l'attendrissement qui l'étouffait, et courut se cacher sous le berceau de roses, où elle tordit ses mains en se jetant à genoux, à la place où Constance avait été trouvée presque morte, quatre jours auparavant.

Raoul était assis, morne et inquiet, à une autre place du petit jardin. Ce parterre de fleurs et de feuillage lui était devenu odieux. Que de fois, le jour et la nuit, il l'avait foulé dans tous les sens, depuis une centaine de mortelles heures! Mais quelque agité qu'il pût être, il n'était jamais rentré sous le berceau qui lui rappelait le moment le plus atroce de sa vie : celui où il avait cru, en soulevant Constance, relever un cadavre. Quand ses pas sans but l'y portaient, un instinct de terreur l'en éloignait au plus vite. Il y avait eu une nuit où Constance paraissait au plus mal : il avait cru la voir assise sur ce banc, lui faisant signe de ne pas approcher, et il avait couru au salon, comme en délire, persuadé qu'il avait vu son spectre et qu'il allait la trouver morte. Maintenant, il était rassuré sur sa vie, mais non sur son pardon. Il attendait avec angoisse la fin de la conférence avec la Mozzelli. Quand il vit celle-ci sortir et se diriger vers le berceau, il ne put se décider à l'y suivre pour l'interroger; mais quand il l'entendit sangloter, il craignit quelque nouveau malheur et se décida à l'y rejoindre.

— Quoi! vous osez entrer ici et regarder ce banc-là? lui dit Sofia avec véhémence. Vous venez voir si vous y retrouverez son cœur, oublié comme un bouquet ou comme un éventail? Non, vous ne retrouverez rien : ce qui est tombé là, c'est son pauvre amour, et il y est resté enseveli. Elle ne vous aime plus, Raoul, car elle me pardonne, et elle veut me revoir. Cela veut dire qu'elle vous chasse et que, pas plus que moi, elle ne trouve qu'il faille se souvenir de vous.

« Je vous disais : nous l'avons tuée! Non, elle vit, et elle vivra. Nous avons fait pis que de la tuer, elle vivra sans aimer! J'ai senti cela à sa miséricorde facile et entière. Elle est si faible qu'il lui serait impossible de jouer un rôle dans ce moment-ci. D'ailleurs, c'est un ange, cette femme! Elle en a la pitié, mais elle en a aussi les ailes! La voilà qui s'envole sans vous regretter, sans seulement vous regarder. Où va-t-elle? Quelle chose pourra l'occuper sur la terre, à présent? Elle n'y vivait que pour l'amour. Le cherchera-t-elle partout comme j'ai fait, sans pouvoir le trouver? Ou le méprisera-t-elle comme le méprise la duchesse, comme vous le méprisez vous-même, vous qui avez cherché le plaisir quand vous aviez l'idéal? Ah! malheureux que vous êtes! Vous aimiez cette créature incomparable, vous aviez compris le ciel, et vous n'avez pas su vous vaincre. Vous avez cédé aux besoins du cœur avec une autre, vous m'avez aimée, moi qui en rougis à présent! Eh bien, cela est plus coupable encore que d'avoir philosophé sur l'oreiller de la d'Évereux. Vous avez été deux fois infidèle en quelques jours, infidèle par le cœur et par les sens! Il n'est resté à Constance que votre imagination, peut-être! Eh bien, demandez à Dieu qu'en vous quittant, elle vous garde dans un coin de la sienne, car un peu de regret et quelques larmes de souvenir, voilà tout ce que vous pouvez espérer d'elle, et ce sera encore plus que vous ne méritez. »

La Mozzelli était dans un paroxysme d'exaltation. Elle parla encore longtemps à Raoul sur ce ton de mépris et de haine qui eût eu plus de force véritable si sa propre passion froissée n'eût trouvé instinctivement son compte à cette vengeance, adieu suprême et violent d'une âme généreuse, mais à jamais privée de frein. Raoul l'écouta sans l'interrompre, comme s'il n'eût pas voulu perdre un mot de sa condamnation.

— Je mérite tout cela, lui dit-il, quand, épuisé de fatigue morale, elle s'arrêta pour regarder sa pâleur sinistre. Vous êtes une divinité vengeresse, une fureur que Dieu déchaîne sur le coupable; mais si la sentence est aussi effroyable que vous l'annoncez, il n'est pas besoin de m'en montrer si bien les conséquences. Je les sens de reste, et ce que je souffre va au delà de tous vos reproches. Quant à ce qui vous concerne, vous devez pardonner, comme Constance pardonne. Vous le devez, Sofia, je vous le dis sérieusement! demain il serait trop tard.

— Vous voulez vous tuer? s'écria la Mozzelli, frappée de la tranquillité effrayante de Raoul. Eh bien, cela est encore d'un égoïste. Vous voulez que Constance vous pleure. Vous ne voulez pas qu'elle vous oublie! Vous vous vengerez ainsi, sur cette pauvre innocente, des crimes que vous avez commis envers elle! Tenez! ce sera là le pire de tous, car il aura été prémédité!

Raoul haussa les épaules. Il fallait que Sofia fût bien exaspérée pour le croire si lâche. Il était bien décidé à mourir si Constance l'abandonnait, mais à mourir loin d'elle, et sans qu'elle pût croire à un suicide.

La duchesse vint bouleverser ses idées, et même ébranler la conviction de la Mozzelli. Elle sortait de causer avec Constance et ensuite avec Cécile. — Vous n'avez rien compris à la tranquillité de ces deux femmes, leur dit-elle. Elles ne savent rien, elles ne se doutent de rien!

— C'est impossible! dit la Mozzelli.

— Oui, c'est impossible, ajouta Raoul : Constance ne m'a pas regardé, elle ne m'a pas adressé la parole une seule fois depuis quatre jours et quatre nuits que j'entre chez elle à toute heure.

— Constance était si faible qu'elle ne vous a pas reconnu, reprit la duchesse. En ce moment encore, vous pourriez peut-être lui parler sans qu'elle vous entendît. Elle est encore presque sourde et presque aveugle. Je m'en suis assurée, sa tante me l'a dit tout bas. Le médecin assure que cela doit être ainsi, car on ne combat pas un mal grave sans des remèdes énergiques, mais que ce n'est plus inquiétant, et qu'il ne faut pas lui laisser faire le plus léger effort pour devancer le secours de la nature. Ce qu'il faut à présent, c'est la laisser tranquille. Partez, Sofia ; moi, je rentre chez moi, et je laisse ma fille qu'on désire garder encore auprès de Constance pendant un jour ou deux. Vous, monsieur Mahoult, vous allez retourner à l'hôtel et ne pas remettre les pieds ici pendant le reste de la semaine. Mademoiselle Cécile Verrier l'exige. Elle ne veut même pas que vous veniez vous informer à la porte de la maison. Elle dit avec raison que, d'un moment à l'autre, Constance peut recouvrer l'ouïe, reconnaître votre voix, et que la joie de vous revoir peut la tuer.

— La joie ? sécria Raoul, elle a dit ce mot-là ? Cécile Verrier ne sait pas mentir ; l'a-t-elle dit sans amertume et sans effort ?

— Elle l'a dit sérieusement comme je vous le répète, reprit madame d'Évereux, et je suis revenue auprès du lit de Constance, pour lui demander si elle voulait que je revinsse la voir demain. Elle m'a embrassée en me disant : Oui, revenez ; si je n'ai pas encore la force de vous parler, vous verrez du moins Julie.

— Elle vous a embrassée aussi, vous? dit la Mozzelli.

— Eh bien, pourquoi donc pas? répondit la duchesse, qui ne se départait pas de sa prétendue innocence quand elle n'était pas seule avec Raoul ; la tante m'a serré la main en me disant que Constance savait combien je m'étais occupée d'elle. Allons! de quoi vous tourmentez-vous, à présent ? Nous n'étions épouvantés qu'à cause d'un nom qui m'était échappé, au moment où monsieur est entré ici. Mais ce nom, elle ne l'avait pas entendu, puisqu'elle m'a répondu, le plus naturellement du monde, que cela lui était fort indifférent. Admettons qu'elle l'ait entendu ou qu'elle ait cru l'entendre, et qu'elle soit tombée évanouie un instant après à cause de cela ; il est certain alors qu'elle l'a oublié, ou qu'elle croit avoir eu une hallucination, car elle a, tout à l'heure, demandé à sa tante, devant moi : Avez-vous reçu une lettre d'Abel, depuis que je suis là sans me souvenir de rien ? La tante a répondu négativement, et Constance a ajouté : N'était-ce pas aujourd'hui qu'il devait arriver ? Sa tante l'a trompée sur le nombre de jours qu'a duré sa maladie, et elle a paru se tranquilliser complétement.

« Vous voyez donc bien, monsieur Mahoult, qu'il faut vous en aller, attendre qu'on vous avertisse, et faire semblant d'arriver de Paris le jour où l'on trouvera Constance assez forte pour être heureuse.

— Heureuse ! s'écria Raoul. Elle pourrait être encore heureuse ! Ah ! madame la duchesse, si vous me trompez, ou si vous vous trompez vous-même, le réveil sera épouvantable!

— Je ne trompe personne et je ne me trompe pas souvent, répondit madame d'Évereux. Nous avions fait un mauvais rêve qui ne manquait pas d'une certaine vraisemblance; la vérité que je vous annonce est encore plus vraisemblable, et, si vous êtes sage, vous ne laisserez jamais pressentir à Constance aucun remords, aucune inquiétude qui pourrait réveiller des souvenirs assoupis. Si elle vous parle de cela, dites-lui bien qu'elle avait rêvé, et que vous n'êtes arrivé à Nice, au plus tôt, que le lendemain de l'événement.

« Sur ce, je vous fais mes adieux à tous deux, ajouta la duchesse, à Sofia qui part sur l'heure, à ce qu'on m'a dit, et à vous, monsieur, que je n'aurai plus le plaisir de rencontrer ici, puisque je compte partir moi-même le jour où je verrai Constance assez rétablie pour vous recevoir. »

La duchesse se retira, confiante dans ce qu'elle avait dit et dans ce qu'elle croyait être vrai. Raoul alla s'enfermer dans une chambre d'hôtel, en proie à l'inquiétude et à l'espérance. Sofia fit ses malles, fut admise encore, au moment du départ, à regarder Constance endormie, et partit en poste pour Milan. Trois jours après, madame d'Évereux retournait à Paris avec sa fille.

Raoul attendit avec anxiété des nouvelles de Constance. Il envoyait messages sur messages; aucun ne parvenait jusqu'à Cécile Verrier, qui ne quittait pas sa nièce un instant. Elle avait défendu qu'on lui remît aucune lettre, ni qu'on lui transmît aucune commission verbale, et même elle avait fait enlever la sonnette de la grille. La femme de chambre de Constance ne sortait pas, et un domestique de place, qui faisait les commissions, était le seul qu'on pût interroger dans la rue. Il répondait invariablement que la signora allait *pian, pian*, et qu'il lui fallait du repos, beaucoup de repos.

Raoul connaissait probablement plusieurs des personnes qui se trouvaient à Nice. Sa vie de voyages et de négociations l'avait surtout mis en rapport avec des étrangers. Il craignait donc de sortir, ne voulant rencontrer personne qui pût rapporter, par la suite, à Constance, l'avoir vu à Nice tel jour et à telle heure. Il était possible que la tante ne voulût jamais lui faire savoir la vérité à cet égard.

Il vivait enfermé et caché depuis huit jours, malade, agité, dévoré par la fièvre. Il se décida à faire demander le médecin qui avait soigné Constance et qui devait la soigner encore. Son propre malaise lui servait de prétexte pour interroger ce médecin qui, en le voyant auprès de Constance, n'avait peut-être pas beaucoup remarqué l'intérêt exceptionnel qu'il prenait à l'état de la malade.

Il apprit donc enfin que Constance était complétement sauvée, qu'elle était entrée tout à fait en convalescence, et qu'on se proposait de la faire bientôt sortir en voiture.

Raoul attendit encore deux jours qui furent un nouveau et plus rude supplice. Constance pouvait le recevoir, et Cécile ne l'appelait pas !

Enfin, il reçut quelques mots de cette dernière : « Viens tout de suite, lui disait-elle ; j'ai supposé une lettre de toi hier, et j'ai préparé Constance à te recevoir aujourd'hui. Fais bien attention à ne pas me démentir ; sois surpris de la trouver malade. Il ne faut pas qu'elle sache combien elle l'a été. »

## XVI

Raoul se sentait défaillir en arrivant chez Constance. Tant de terreurs et de souffrances avaient donné à ses fautes l'importance du crime. Devant une pauvre femme brisée par lui, aucune excuse ne se présentait à sa pensée.

Il éprouva comme du soulagement en trouvant Cécile Verrier seule au salon. Cette élégante rotonde ouvrant de tous côtés sur des massifs de fleurs, avec sa statue blanche au milieu, rangée, parée et ne présentant plus aucune trace de désordre et de chagrin, était d'une gaieté qui semblait inviter Raoul à l'espérance. La Polymnie elle-même semblait lui dire : Qu'as-tu ? Il ne s'est rien passé ici.

La vieille tante, assise sur le divan, paraissait méditer. Par son ordre, on avait introduit Raoul sans bruit ; la sonnette du jardin était toujours supprimée. Elle tressaillit en l'entendant marcher sur le parquet, lui tendit la main sans se lever et le fit asseoir auprès d'elle. Ce n'était pas là l'embrassade maternelle qu'il avait reçue au départ, quatre ans auparavant; mais la pauvre fille avait tant vieilli et tant souffert récemment, que son manque d'expansion pouvait être attribué à la fatigue.

Raoul remarqua que ses cheveux gris avaient blanchi entièrement depuis dix jours qu'il ne l'avait vue.

— Vous avez été brisée, vous l'êtes encore! lui dit-il en baisant ses mains froides et sèches.

— Non, répondit-elle, ça va mieux; ce ne sera rien, quant à moi. Constance aussi va mieux; elle va venir. En voyant approcher l'heure de ton arrivée, elle a voulu s'habiller pour la première fois; elle ne sait pas que tu l'as vue mourante, et elle prétend qu'elle ne veut pas que tu la trouves en costume de tombeau. Ce serait trop triste. Parlons bas, pour qu'elle ne se dépêche pas trop. Ça la fatiguerait.

— Ma tante, dit Raoul, à qui mademoiselle Verrier avait permis de lui donner ce titre dans ses lettres, que s'est-il donc passé? voyons! La vérité sur ce malheur qui a failli nous enlever Constance!

— La vérité? répondit Cécile en le regardant en face : je t'attendais pour me la dire! Je ne sais pas ce qui s'est passé, moi! je n'y étais pas. A des mots extraordinaires qui ont échappé, dans les premières heures, à mademoiselle Sophie Mozzelli, j'ai cru deviner qu'il y avait eu quelque chose entre elle et toi. La duchesse m'a tranquillisée un peu en me disant très-sérieusement que je me trompais et qu'il n'y avait rien du tout. Ensuite, j'ai causé avec Constance, et elle m'a dit : S'il y a eu quelque chose, je ne veux pas le savoir. A présent, puisque te voilà... Mais non ! j'aime mieux ne pas savoir non plus ; et je veux te dire une parole sérieuse. Si tu as quelque chose à te reprocher, et que ma nièce vienne, un jour ou l'autre, à te le demander, n'avoue rien, d'ici à longtemps, du moins ! Il ne lui faut pas de chagrin, vois-tu ! Elle n'est pas bien guérie ; elle a, de temps en temps, comme un hoquet nerveux que le médecin n'aime pas.

Constance entra en ce moment. Elle était mise avec goût et recherche.

Mais ce que Raoul remarqua davantage dès le premier coup d'œil, c'est que Constance, qu'il s'attendait à voir pâle, était fraîche et rosée comme autrefois. Elle s'approcha, et il reconnut qu'elle avait du blanc et du rouge. Ce n'était pas encore, à cette époque, la triste mode de se farder à tout âge et à toute heure. Évidemment, Constance s'était arrangée pour la circonstance. Le cœur de Raoul se serra · elle lui cachait son visage sous un masque...

Mais ce masque tomba plus vite que Constance ne l'avait prévu. Elle venait à Raoul, gracieuse et composée, héroïque de mansuétude. Malgré les avertissements de Cécile, la sincérité de Raoul parla plus haut que la prudence. Au lieu de saisir sa fiancée dans ses bras, il tomba aux pieds de sa victime; Constance, moins forte qu'elle ne l'avait espéré, fondit en larmes, cacha sa figure dans son mouchoir, et reparut pâle, profondément éprouvée par la souffrance. Elle était ainsi plus belle qu'aux premiers jours de la jeunesse; il y avait en elle cette étonnante majesté de type que le génie de la renaissance n'a pas su imprimer à ses madones trop italiennes; on sentait qu'en elle la candeur avait reçu, au lieu du baiser de l'amour, la couronne du martyre.

Quand elle put parler, elle ne songea qu'à rassurer Raoul sur la maladie qu'elle appelait une indisposition, et dont il était censé ignorer la gravité; mais elle ne se rappela pas que, dans les derniers temps de leur correspondance, elle avait consenti à le tutoyer, et Raoul n'osa se plaindre de cet oubli.

Raoul eût voulu, dès le premier jour, vider bravement le fond de la coupe d'amertume; mais il sentait bien que ce serait trop risquer pour la santé de Constance. Il devait éviter une trop prompte explication, et fatalement cette explication arrivait aux lèvres à chaque instant et à propos de tout, en dépit des efforts que l'on faisait, de part et d'autre, pour l'éloigner. Ainsi, dès les premiers mots qu'il adressa à Constance sur son état présent, elle lui fit des réponses évasives qui l'affligèrent. — Oui! vous vous prétendez guérie, lui dit-il, et je crains que vous ne vouliez me tromper pour me tranquilliser.

— Vous tromper, moi! répondit Constance que ce

mot fit tressaillir ; non ! on ne doit jamais tromper son égal en raison et en courage.

— C'est donc à dire, reprit involontairement Raoul, qu'on le peut, qu'on le doit peut-être, quand on doute de son courage et de sa raison ?

— Celui ou celle dont on doute ainsi, dit Constance, cesse d'être avec vous sur le pied de l'égalité... à moins qu'il ne soit malade, fou momentanément... Mais nous nous portons bien, mon cher Abel, et nous pouvons tout nous dire.

Constance répétait là, à sa manière et à son point de vue, ce que la duchesse avait dit à Raoul. « On peut tromper un petit enfant *pour son bien*; on ne peut répondre à toutes ses questions ; mais, quand on trompe sa femme, on l'avilit ou on s'avilit soi-même. »

Constance ne parut pas s'apercevoir de son trouble et reprit, comme s'il elle eût pourtant deviné : —Mais je ne crois pas nécessaire de s'arracher l'un à l'autre des aveux inutiles. Si vous me voyez souffrir quelquefois... d'une migraine ou d'un malaise quelconque, j'aime mieux que vous ne me questionniez pas : ce serait ajouter à ma petite souffrance le chagrin qu'elle vous cause. N'est-ce pas puissamment raisonné ? ajouta-t-elle avec un sourire qui déchira le cœur de son fiancé.

Raoul obtenait, cependant, le résultat que bien d'autres, à sa place, eussent vivement souhaité. Constance déliait délicatement sa conscience de l'affreuse crainte d'avoir à se confesser ou à mentir. Il avait dit à la Mozzelli qu'il redoutait plus, de la part de sa fiancée, une confiance aveugle qu'un ferme appel à sa loyauté ; mais il reconnaissait maintenant que la confiance d'une femme comme Constance n'avait rien de puéril, et qu'en la lui restituant malgré ce qu'elle savait ou pressentait du passé, elle faisait plus pour lui qu'il ne pourrait jamais faire pour elle.

Constance parut être heureuse du retour d'Abel, de la fin de ses fatigues et de ses travaux ; elle lui fit mille questions affectueuses sur lui-même, sans qu'aucune portât sur la plaie secrète. Néanmoins, à chaque instant, il se croyait interrogé sur ce point et s'effrayait. Puis tout aussitôt il s'affligeait de s'être trompé. Il y avait entre eux une muraille, une montagne, une mer. Constance avait été cent fois plus tendre et plus abandonnée dans ses lettres qu'elle ne l'était auprès de lui. Il ne retrouvait même plus l'expansion, l'attendrissement, le regard et l'accent du passé.

Il demanda en tremblant s'il lui était permis de revenir le lendemain.

— Sans doute, répondit Constance, demain et toujours.

Le mariage ne semblait donc pas avoir été, un seul instant, remis en question. Raoul commença à croire fermement que la duchesse ne s'était pas trompée, et que les souvenirs de Constance étaient si vagues qu'elle-même les prenait pour des rêves. Les jours suivants, elle lui témoigna la même amitié ; mais il semblait que son état de langueur lui eût fait oublier le langage et jusqu'au nom de l'amour. Raoul n'osait s'en plaindre, et chaque jour il en souffrait davantage; Constance reprenait ses forces, et son âme ne se relevait pas. Raoul retomba dans ses perplexités.

Un matin, la tante le prit à part.

— Je t'ai mal conseillé, lui dit-elle, en te recommandant de ne jamais lui parler des femmes dont tu as pu t'occuper plus ou moins dans tes voyages. Si tu lui es resté fidèle, comme je le crois à présent, car je vois que tu l'aimes plus que jamais, tu feras bien de le lui dire. Elle a peut-être des inquiétudes. Quelqu'un lui aura parlé de toi légèrement. Cette Sophie Mozzelli est une bonne fille, mais si folle! Elle lui aura raconté quelque cancan. Enfin, Constance est triste, cela est sûr; plus triste que malade, et il faut la sortir de là. Voyons, tout de suite, aujourd'hui même, tâchons de l'amener à te questionner; ou bien je prendrai ça sur moi, si tu veux, comme si je plaisantais, et tu profiteras de l'occasion pour te défendre bien sérieusement.

Raoul recula avec effroi devant cette dissimulation préméditée.

— Vous avez entendu Constance elle-même, répondit-il, assurer qu'il valait mieux ignorer les petites souffrances l'un de l'autre. Moi, j'ai beaucoup souffert loin d'elle... Elle paraît désirer que je ne lui en parle pas.

Cécile Verrier insista. Raoul était fort gêné pour s'entendre avec cette vieille fille qui ne comprenait rien aux orages des passions, et dont l'esprit peu cultivé avait une droiture invincible, une moralité douce dans la forme, absolue et quelque peu farouche dans le fond. Elle était bienveillante à l'excès par ignorance du mal auquel il lui était horriblement difficile de croire ; mais quand elle l'avait constaté, elle ne pouvait transiger, et Raoul tremblait de se confesser à elle bien plus que de se confesser à Constance. Il ne comptait pas s'excuser vis-à-vis de celle-ci, mais il comptait sur les flammes de son amour pour la consoler. Cécile Verrier n'était accessible à aucune éloquence et n'admettait aucune défaite. Elle força Raoul dans ses derniers retranchements, et, ne pouvant l'amener à ce qu'elle conseillait, elle se leva épouvantée en s'écriant :

— Ah ! malheureux, tu es coupable, tu l'as trompée !

Elle ne voulut rien écouter, et fut de glace avec lui pendant le reste de la journée. Constance feignit de ne pas s'en apercevoir ; mais elle devina bien ce qui s'était passé, et Raoul vit qu'elle le devinait. Tout cela était d'une singulière amertume pour lui. Après dix années d'amour et d'espérance, il arrivait à la réalisation du rêve de sa vie, et le bonheur fuyait consterné devant une tache qu'il n'était pas possible de faire disparaître.

Cécile le vit si triste qu'elle s'adoucit, et, revenant à son idée :

— Voyons, voyons, dit-elle, il faut en finir ! J'ai pensé à tout cela. Je n'ai pas dormi de la nuit. J'ai prié l'âme de mon frère, et elle m'a parlé. Il faut sauver Constance qui dépérit ; tout est là. Il faut la tromper; tant pis pour toi! Je ne veux pas savoir tes vilaines histoires, et je ne veux pas qu'elle y croie. Elle en mourrait! Je vais t'attaquer devant elle, et tu feras serment que tu n'as jamais pensé qu'à elle. Si tu es forcé de mentir, c'est ta faute; mais elle te croira, et, au nom de son père, je te commande de lui rendre le repos.

Raoul hésita longtemps, mais Constance, après quelques jours d'animation, était retombée. Elle dépérissait, en effet, et Cécile était outrée de voir que, pour la sauver, il ne voulût pas se mettre mal avec lui-même. Elle l'accusait d'être orgueilleux.—Moi qui n'ai jamais rien fait de mal, disait-elle, je me damnerais pour ma nièce, et toi qui es coupable, tu crains de l'être un peu davantage.

Il céda. Il subit l'interrogatoire de la tante en présence de Constance, et il fit le serment qu'elle exigeait. Ce fut la plus atroce torture qu'il eût encore éprouvée. Il n'avait jamais trahi la vérité, et il en était fier. Il se crut déshonoré et resta quelques instants sans pouvoir lever les yeux sur Constance. Quand il la regarda, il la vit pâle comme la mort. Il s'élança vers elle et tomba à ses genoux. Mais elle l'empêcha de parler.

— Ne craignez rien, lui dit-elle, c'est un battement de cœur qui m'a pris; mais voilà que ça se passe. Pardon! vous me parliez donc? Depuis cinq minutes, j'étais sourde comme pendant ma maladie. De quoi donc avez-vous causé?

— Constance, s'écria Abel, ah! tu es sublime, toi!

— Non, répondit Constance en pleurant : je t'aime !

C'était la première fois, depuis son retour, que Raoul entendait prononcer ce mot tant de fois écrit par elle. Il fut d'abord ivre de joie et de reconnaissance ; mais bientôt il retomba dans ses incertitudes et dans ses terreurs. Constance avait-elle refusé d'entendre un mensonge souiller les lèvres de son fiancé, ou, ce qui eût été plus féminin et plus vraisemblable, avait-elle écouté ce qu'elle croyait désormais être la vérité, en feignant de n'avoir pas eu besoin de ce serment solennel ? Était-elle maintenant tranquille, heureuse, guérie, ou désespérait-elle plus que jamais de croire ?

Dès que Constance fut seule avec sa tante, elle la gronda tendrement.

— Ah ! tante chérie, lui dit-elle, qu'as-tu fait ce soir ? Tu n'en sais rien, n'est-ce pas ? Tu as cru que j'étais jalouse, que je n'avais pas sujet de l'être, et tu as arraché un faux serment au plus honnête homme qui existe ! S'il ne me hait pas dans ce moment-ci, ce n'est pas ta faute. A sa place, je fuirais la femme qui me réduit à cette honte. Pauvre ami, comme il a dû souffrir ! Cela me déchirait le cœur de l'entendre.

Et, comme la tante se désolait d'avoir si mal réussi à lui faire un peu de bien, Constance ajouta :

— Rassure-toi, chère tante. A quelque chose malheur est bon. Ce supplice qu'il a enduré pour moi, c'est une grande chose, et cela m'aidera à une grande chose aussi, qui est de lui pardonner le passé.

— Je ne te comprends plus, dit la tante ; tu sais

qu'il a menti, et c'est pour ça que tu lui pardonnes?

— Si un autre que lui m'eût menti, répondit Constance, je le mépriserais; mais lui, si amoureux de la vérité, il l'a trahie pour me rendre le repos, et c'est le plus grand sacrifice qu'il pût me faire, je sais cela!

— Tu disais que tromper la personne qu'on aime, c'est la rabaisser?

— Ah! quand il s'agit de lui, tout change d'aspect et de nom. Le mensonge dans sa bouche, c'est l'expiation!

— Allons, je vois, dans tout ça, que vous vous aimez toujours et que tu guériras vite.

— Ah! ça, ma bonne tante, c'est une autre affaire. J'ai bien souffert, vois-tu!

— Mais de quoi? voyons! Tu n'as jamais voulu t'expliquer, et je n'osais pas te questionner, moi; et, cependant, peut-être vaut-il mieux tout se dire à présent. Dis tout, je le veux!

— Tante, puisque tu veux le savoir, j'ai été assassinée!

— Qu'est-ce que tu dis? s'écria la tante effrayée et croyant à un accès de délire; allons, allons, ne parlons plus de ça, ça te fait du mal!

— Non, ça me soulagera, au contraire; laisse-moi parler, et n'aie pas peur. Abel est arrivé ici le soir que tu sais, au moment où la Mozzelli et la duchesse se disputaient un amant qu'elles avaient eu toutes deux dans la même quinzaine. Abel a sonné à la grille, et Sofia, courant à sa rencontre, lui a dit, — je l'ai entendu :

*Ah! c'est vous!* et la duchesse m'a dit, à moi : *C'est lui, Raoul Mahoult!*

— L'infâme! s'écria Cécile Verrier en se levant et en faisant craquer les phalanges de ses longs doigts; mais non! c'est impossible! tu as rêvé ça! ça n'est pas arrivé! Ces deux malheureuses se sont trompées; elles ont cru reconnaître leur freluquet; ce n'était pas lui! A présent, je me souviens... la belle d'Évereux m'a expliqué, à mots couverts, je ne sais quoi, une méprise, un nom que tu as cru entendre, et c'était un autre nom. Elle ne connaissait pas Raoul, la Mozzelli non plus, je crois. Je ne comprenais rien à leurs explications : j'étais si inquiète de toi!... Enfin, ça n'est pas; crois-moi, Constance, ça ne se peut pas!

— Écoute, reprit Constance. Dans le premier moment, j'ai senti un froid mortel me prendre au cœur, et j'ai dit à la duchesse : *Ça m'est égal!* Je me souviens d'avoir dit ce mot-là et de l'avoir pensé. Abel m'était devenu tout à coup aussi étranger que s'il eût été le mari d'une autre personne; ça me faisait cet effet-là. La duchesse m'a quittée, et, revenant un peu à moi-même, j'ai dit comme toi : « C'est impossible ; elle se trompe! » Je me suis levée, et, faisant le tour du berceau par derrière, j'ai été à la croisée du salon pour voir si c'était bien lui dont je croyais avoir reconnu la voix. Tiens, c'était à cette croisée-là! elle était ouverte, avec la persienne fermée. Je ne pouvais pas voir, j'étais un peu trop bas, mais j'entendais parler; j'entendais tout. Abel était seul avec la duchesse, pendant que là

Sofia me cherchait dans le jardin. Ce qu'ils se sont dit n'a pas duré cinq minutes; mais c'était la confirmation, la preuve de tout ce qui avait été raconté sans réticences par la Mozzelli, à mots couverts par la duchesse. La Mozzelli est revenue près d'eux, disant qu'elle ne me trouvait pas, et la duchesse est partie en lui répondant : Elle se sera en allée ; c'est ce qu'elle avait de mieux à faire ! — Ah ! oui, elle avait bien raison, c'est ce que j'aurais dû faire ! mais je ne pouvais pas. Je sentais mes jambes roides comme si elles eussent été mortes. Je me suis traînée jusqu'au berceau. Je ne voulais plus écouter, mais je ne pouvais pas m'éloigner davantage. Je ne voyais presque plus clair. Je ne sais pas combien de temps je suis restée assise sur le banc. J'entendais, comme dans un rêve, la voix de la Mozzelli qui s'emportait, et celle d'Abel qui semblait plus tranquille. Je me sentais si faible que j'ai essayé de cueillir une poignée de sauge que j'avais remarquée auprès du banc et que j'ai respirée pour me faire revenir. Mais je n'avais plus d'odorat. Et puis, je suis devenue sourde et tout à fait aveugle. Je me suis dit : Il faut secouer cela ; il ne faut pas mourir ici. Je me suis levée, la vie me revenait. J'ai revu le ciel, la lune sur les fleurs. J'ai entendu la mer. Je me suis trouvée heureuse comme quelqu'un qui va mourir et qui voit Dieu. Et puis j'ai senti que je tombais en arrière, et j'ai pensé à toi, ma tante ! Je t'ai dit : Adieu, tante, je meurs ; ce n'est pas ma faute, va !

## XVII

Cécile Verrier n'avait pas pleuré une seule fois lorsque Constance était au plus mal. Elle était encore tendue, active, excitée, cherchant tous les moyens de la distraire ; mais, en écoutant le récit de cette funeste soirée, et en sentant passer en elle toutes les douleurs de celle qu'elle regardait et chérissait comme sa fille, elle fondit en larmes.

— Ah ! oui, tu disais bien ! s'écria-t-elle : ils t'ont assassinée ; ils se sont mis trois contre toi ; ils t'ont mis trois poignards empoisonnés dans le cœur ; et, à présent, tu es perdue, Constance, je le vois bien ! tu n'en reviendras pas ! Mais je te suivrai, et j'irai, avec toi, dire à ton père : Nous voilà, tu nous avais confiées à un ami, c'est lui qui nous a fait mourir !

— Tais-toi ! tais-toi, tante ! répondit Constance en embrassant avec tendresse sa vieille amie ; nous ne mourrons pas, Dieu ne le veut pas, et mon père nous commande d'aller jusqu'au bout. Ils veulent que nous pardonnions, et moi, je le leur ai juré, je pardonnerai ! Il faudra bien que tu fasses comme moi, puisque nous n'avons jamais eu qu'une volonté à nous deux, toi et moi.

— Pardonner ! dit mademoiselle Verrier exaspérée ; non ! nous allons partir demain. Je ne veux pas que tu revoies ce malheureux, c'est lui qui continue à te tuer. Quand tu ne le verras plus, tu l'oublieras. Ah !

si j'avais su plus tôt ce que tu m'apprends! Il m'avait bien fait entrevoir des fautes, quelques petits caprices; j'étais bien en colère, mais je n'avais pas compris: je croyais que ça s'était passé en paroles, en bouquets, en singeries, que sais-je? et je ne savais pas au juste avec qui! C'est affreux de penser que tu as pardonné à ces dévergondées, que tu les embrassais, que tu as parlé de les revoir!

— Elles ne sont pas coupables envers moi, dit Constance avec douceur; elles ne savaient pas que leur Raoul était mon Abel. Quand j'ai parlé de les revoir, j'espérais être morte auparavant. Je croyais aussi que je ne pourrais jamais me décider à revoir Abel. Et puis j'ai pensé que je devais rester son amie et sa sœur. Il n'a péché que contre l'amante, et je voulais, dès le premier jour, lui dire, devant toi, qu'il ne fallait plus songer au mariage. Mais je l'ai revu, et il avait tant souffert! et il a l'air de m'aimer encore tant, que je ne me suis pas senti le courage de l'humilier et de l'affliger. Comment allons-nous faire, ma tante? Je ne l'aime plus et je l'aime toujours. Comment arranger ça?

— Tu l'aimes comme un ami d'enfance, comme tu l'aimais avant de savoir les projets de ton père, voilà tout! Mais ce n'est pas une raison pour épouser un homme que l'on n'aime qu'à moitié.

— Ah! chère tante, je l'ai tant aimé depuis quatre ans! Comment faire pour oublier quatre ans de confiance et d'adoration! C'était une religion! Dieu, mon père, Abel et toi, c'était toute ma vie.

— Eh bien, Dieu te reste, et moi aussi. Quant à *lui*, il faut qu'il s'en aille. Tu l'épouserais par générosité, et tu t'en repentirais. Vous seriez malheureux tous les deux pour toute la vie. Il faut rompre.

Constance était brisée de cet entretien. Elle supplia Cécile de la laisser à ses réflexions, sans rien conclure pendant quelques jours encore.

Mais Cécile Verrier ne pouvait se calmer. Héroïque et stoïque en face de la maladie et de la mort, elle flottait inquiète et comme éperdue dans les écueils de la vie. La sienne avait été si calme, si soutenue et si réglée; sa vieillesse, grâce à son frère, à Constance et à Raoul lui-même, avait été si douce, qu'elle ne se reconnaissait plus elle-même dans le trouble et dans l'imprévu.

Elle avait promis à Constance de ne rien dire à Raoul; elle n'y put tenir et lui révéla tout, l'accablant de reproches et tout aussitôt faiblissant, prête à pardonner, pourvu que Constance fût consolée.

— Raoul préféra la nécessité, ou plutôt la liberté de s'expliquer, à tout ce qu'il avait souffert du silence effrayant de sa fiancée. Il courut pour se jeter à ses genoux, mais elle demanda grâce se disant plus souffrante ce jour-là, et le médecin, qui arriva sur ces entrefaites, lui trouva de la fièvre et ordonna encore une fois le calme, qu'il était si difficile de voir renaître dans une pareille situation.

Raoul attendit encore des heures, des jours, deux mortelles semaines. Cécile était redevenue muette; mais Constance reprenait des forces, et sa santé refleurissait à vue d'œil quand on la laissait à ses propres méditations. Il devenait évident que personne ne pouvait la consoler, et qu'elle craignait qu'on ne l'essayât sans autre effet que de la faire souffrir encore plus. L'initiative ne pouvait plus venir que d'elle seule. Elle le disait à sa tante, elle le faisait entendre à Raoul. Elle avait un grand parti à prendre. Il lui fallait pour cela toute sa santé morale et physique.—Attendez-moi, disait-elle. Bientôt, le plus tôt possible, je saurai ce que je peux obtenir de moi-même; je me raisonne et je prie! Ah! je ne perds pas mon temps, allez! je ne me ménage pas!

Raoul était douloureusement humilié du rôle passif qui lui était imposé, à lui, homme d'action et de volonté. Quand il ouvrait la bouche pour dire un mot, la tante attachait sur lui des yeux inquiets, ou invoquait les recommandations du médecin, ou encore brisait la conversation à la moindre apparence d'entraînement; et s'il s'en plaignait à elle dans le tête-à-tête, elle lui répondait avec amertume :

— Tu ne la trouves pas assez morte, tu veux l'achever, n'est-ce pas ?

Cette situation était intolérable pour lui. Il avait compté jusqu'au bout sur ses forces, sur sa parole nette, sincère et persuasive, sur son infatigable dévouement, sur l'assiduité de ses soins délicats et sur sa propre foi en lui-même. Il avait cru pouvoir réparer ou effacer tout, il se voyait paralysé. Cécile était là comme un gardien jaloux de sa nièce, ne permettant pas même qu'un verre d'eau lui fût présenté par d'autres mains que les siennes, et ne laissant pas une parole arriver librement à ses oreilles. Raoul eût bien su déjouer ce zèle, qui lui semblait mal entendu ; mais Constance paraissait être complice de sa propre captivité morale, et le parti pris de ne pas le laisser se disculper faisait quelquefois au malheureux jeune homme l'effet d'un outrage. Avoir été un idéal, un dieu, dans la pensée d'une femme aimée, et n'être plus devant elle qu'un coupable réduit au silence, ou un assassin à qui l'on demande de ne pas porter le dernier coup, c'est une déchéance à laquelle le juste orgueil de Raoul ne pouvait se soumettre. Il tombait malade lui-même, la fièvre le minait, et sa fierté se refusait à la plainte. Il se disait bien portant ; mais l'altération de ses traits fut bientôt remarquée, et Constance s'en émut.

— Il en mourra aussi, dit-elle à sa tante, et ce sera ma faute ! Dieu sait pourtant que je fais de grands efforts pour oublier ! Mais apparemment il faut faire plus que cela ; il faut accepter. Hélas ! je n'aurais pas voulu mentir, moi ! J'espérais que, la santé revenue, je pourrais lui dire, en toute sincérité : « Je t'aime autant que s'il ne s'était rien passé. » Je sens que ce n'est pas encore vrai ! mais il souffre, vois-tu, il dépérit à son tour, pendant que je renais. Ce qui me sauve le tue. Il ne sait plus attendre, prier et compter sur l'aide de Dieu. Les femmes qu'il a aimées lui ont désappris tout cela. Il faut le tromper, ma tante ; il faut que je fasse pour lui ce qu'il a consenti à faire pour moi : un mensonge !

— Il faut, répondit la tante, faire comme tu crois que Dieu te conseille. Il n'y a que lui qui puisse nous éclairer dans la nuit où nous sommes tombées. Moi, j'ai beau prier, je n'ai pas ton esprit, je n'y vois plus. Prie et ensuite décide ! Ce que tu voudras, je le voudrai.

Constance pria avec ferveur et la foi lui fut rendue. Elle appela Raoul, elle lui demanda de parler, elle l'écouta sans le troubler ni le décourager par un geste de souffrance ou un regard de doute. Il parla avec une grande logique et une ardente conviction, ne s'excusant pas, s'abandonnant à la mansuétude de son juge, mais disant et prouvant que l'avenir serait sans nuage et sans tache. Cette preuve, il la montrait dans sa souffrance, dans ce qu'il avait enduré de honte, de remords et d'épouvante depuis deux mois. A moins d'être stupide ou insensé, il ne pouvait plus avoir qu'une volonté, un but, un besoin dans l'âme, c'était le bonheur de Constance, bonheur sans lequel sa propre vie devenait maudite et impossible. Constance fut vivement attendrie et se jeta dans ses bras, pleurant avec lui, et forçant Cécile à l'embrasser et à le bénir aussi. Elle sentit bien qu'elle l'aimait plus que tout au monde et qu'elle n'en pourrait jamais guérir.

Mais quand elle se retrouva vis-à-vis d'elle-même, la fascination s'envola et il lui sembla qu'elle ne l'aimait pas.

Puis elle chassa cette idée comme une suggestion de l'orgueil, et pria Dieu de l'en délivrer. Elle regarda comme un devoir de ne jamais la laisser rentrer dans son esprit. Elle s'imposa d'écouter Raoul comme l'oracle de sa vie, de lui tenir compte de tout ce qu'il avait fait et voulait faire pour la guérir à jamais du doute. Elle pria sa tante, si elle-même doutait encore, de ne pas le lui dire. Elle fut adorable de tendresse, de soumission intellectuelle, de délicat enjouement avec son fiancé. Elle consentit à fixer le jour de leur mariage, se disant que quand elle aurait fait le serment d'aimer de toute son âme et de toutes ses forces, son âme trouverait de plus grandes forces pour aimer.

Raoul hâta le jour du mariage, non sans éprouver lui-même de secrètes angoisses. Il sentait encore de l'hésitation intérieure dans l'abandon qu'il implorait. Il eût voulu serrer dans ses bras une amante ivre de bonheur, et, si Constance l'eût exigé, il fût resté absorbé et enchaîné à ses pieds durant de nouvelles années d'épreuve. Mais la réputation de Constance exigeait que leur intimité atteignit son but et sa sanction religieuse. Il ne voulait plus la quitter d'un jour, afin qu'elle ne pût le soupçonner, et il ne pouvait pourtant pas continuer à la voir tous les jours sans la compromettre.

Docile et bonne, elle eût consenti à se marier à Nice ; mais Raoul et sa tante avaient pris ce lieu en horreur, et cette maison de la Mozzelli, à laquelle Constance semblait s'attacher d'une manière étrange, leur apparaissait remplie d'amertumes et de visions sinistres. Constance consentit à retourner à Paris. On reçut les adieux du petit nombre de personnes que l'on voyait, et on leur annonça le prochain mariage.

Au moment du départ, Constance, profitant d'un moment de solitude, se glissa sous le berceau de rosiers et s'assit sur le banc. Elle y resta pensive quelques instants, regardant la mer. Elle se sentait guérie, et elle se disait, comme autrefois la Sofia sur le lac de Garde : La vie est bonne et la tombe est morne. Mais, en repassant dans sa mémoire les circonstances de la *nuit du meurtre,* elle sentit au cœur une violente douleur physique, comme si elle recevait un coup de rasoir.

— Ce que c'est que l'imagination ! pensa-t-elle ; c'est une magie, mais souvent une magie noire, et il faudra s'en méfier.

Elle s'y abandonna pourtant comme à une jouissance cruelle qu'il lui plaisait de savourer pour la dernière fois ; elle se retraça très-vivement l'instant qu'elle avait raconté à sa tante, et où, prête à tomber anéantie, elle avait éprouvé une rapide sensation de bien-être extraordinaire, et elle pensa malgré elle : Eh bien, si la vie est bonne, la mort est bonne aussi... meilleure peut-être ! — Mais il ne faut pas penser à ça.

Elle se leva et cueillit, auprès du banc, un bouquet de sauge fleurie qu'elle arrangea en couronne et alla poser sur la tête de la Polymnie du salon. C'était comme un adieu et un souvenir laissé à la Mozzelli.

— Pauvre Sofia ! se disait-elle, elle est peut-être encore plus malheureuse que moi ! Elle ne peut pas pardonner.

Raoul vint lui dire que les chevaux étaient prêts

et qu'on n'attendait qu'elle. La tante accourait, impatiente de quitter la maison et le pays. Constance se hâta d'en sortir pour leur complaire, mais il lui sembla qu'elle eût été plus contente d'y rester seule à jamais.

Le mouvement du voyage dissipa vite ces impressions d'une volupté sinistre. Raoul était admirable de soins et de dévouement. Et puis, il n'avait pas le bonheur insolent d'un triomphateur : il était mélancolique, le plus souvent, comme on l'est dans les joies sérieuses, et c'était Constance qui s'efforçait de le rendre gai, quand elle croyait voir sa rêverie tourner à l'inquiétude et à la tristesse. La première réinstallation à Paris fut encore un sujet de distraction et de mouvement pour Constance. Ses amies vinrent la féliciter de sa guérison et de son mariage. Tous aimaient et estimaient Raoul dans le passé et l'admiraient dans le présent, pour son intelligence, son courage, sa fidélité. Il avait fait fortune sans oublier l'amour : c'est rare.

— Vous serez la plus heureuse des femmes, lui disait-on : riche, belle, aimée, que peut-on souhaiter de plus? Vous méritiez bien d'être comblée par la Providence ; mais convenez qu'elle ne vous épargne pas les fleurs de la couronne !

Constance souriait, remerciait et croyait.

Mais, dès qu'elle était seule, elle éprouvait comme un froid qui lui serrait les dents.—J'ai peur de retomber malade, disait-elle à sa tante. Pourtant je dors, je mange, je ne souffre pas !

La tante consulta le médecin de la famille qui lui dit tout bas : — Il faut la marier. Il y a trop longtemps qu'elle aime un absent.

Dès lors Cécile se mit en cent pour hâter le mariage, acheter la dispense des premiers bans, inviter la famille et préparer la fête.

Quand on apporta à Constance sa robe de noces pour l'essayer, elle eut peur sans savoir de quoi.

On sonna, et elle tressaillit.

— Mon Dieu, est-ce que tu viens d'avoir ton hoquet nerveux? lui dit prosaïquement et maternellement la tante.

— Je ne crois pas, dit Constance. C'est cette sonnette qui m'a surprise. Depuis un certain coup de cloche à la grille de là-bas, tu sais! je ne me suis pas réhabituée à entendre sonner.

Un domestique entra pour dire que madame d'Évereux était au salon avec sa fille.

Constance pâlit et fut forcée de s'asseoir.

— Ah! cette femme est effrontée! s'écria la tante; je ne veux pas que tu la voies; je vais la renvoyer!

— Non! dit Constance, pas devant sa fille! Pauvre petite Julie, si douce et si aimante!

Elle alla embrasser mademoiselle d'Évereux et recevoir les félicitations de sa mère, qui resta cinq minutes, causant avec son aisance et son charme accoutumés, et qui se retira en invitant Constance à venir chez elle après son mariage.

— Il le faudra bien, dit Constance à Cécile quand la duchesse fut partie. Je ne veux pas qu'elle croie que je me souviens !

Enfin, le jour du mariage arriva, et jamais Constance ne parut plus belle et plus heureuse. Elle avait oublié. Raoul était ivre de joie intérieure. Il s'était senti religieux devant l'autel ; il avait juré avec son âme comme avec ses lèvres de justifier la confiance de sa femme trois fois sainte par l'amour, la douleur et le pardon.

Au moment d'entrer dans la chambre nuptiale, Constance embrassa sa tante et resta longtemps suspendue à son cou.

— Qu'est-ce que tu as donc? lui dit Cécile. Comme tu as froid ! tu me fais peur !

Constance suivit Raoul dans l'appartement qu'ils devaient désormais occuper. C'était celui que le père et la mère de Constance avaient habité pendant douze ans d'une paisible et religieuse union. Constance avait décidé, en perdant son père, qu'elle n'aurait pas d'autre chambre quand elle serait mariée, et, en attendant, elle l'avait entretenue avec soin sans y vouloir rien changer. Elle n'y entrait jamais qu'avec un sentiment profond de respect pour son passé et pour son avenir.

C'était une vaste pièce, assombrie comme toutes les autres, non-seulement dans le jour par les grands tilleuls du jardin, mais encore le soir, malgré les flambeaux, par la tenture en vieux cordoue sobrement lamée d'argent. M. Verrier avait eu le goût des choses anciennes et solidement belles. Les dressoirs en chêne et le lit renaissance à colonnes sculptées garni de rideaux de damas gros vert, le meuble en tapisserie du temps de Louis XIV et les armoires de Boule, tout était riche, austère et confortable, sans viser à un ensemble d'époque, que nous confessons ne pas aimer non plus, attendu qu'il nous fait trop vivre dans la sensation d'un passé déterminé.

Raoul et Constance furent impressionnés par l'aspect de cette chambre et par les souvenirs qu'elle leur retraçait : Constance, très-émue, s'assit sans rien dire auprès de la cheminée, où flambait un feu clair. On était aux premiers froids. Raoul s'agenouilla près d'elle et se releva aussitôt, effrayé de sa pâleur et de la fixité de ses yeux attachés sur le fond de l'appartement.

— Tu souffres? s'écria-t-il.

— Non, répondit-elle, ne bouge pas, regarde!

— Regarder quoi?

— Mon père qui est là! Tu ne le vois donc pas?... Non! Je rêve! mais je le vois, il chasse deux femmes qui veulent entrer ici... Ah! ces deux femmes!

Constance se leva, cherchant à se ravoir et à secouer cette hallucination. — C'est passé, dit-elle en souriant. Mais elle retomba sur le fauteuil et renversa brusquement la tête en arrière avec un profond soupir. Raoul la crut morte.

Aux cris de Raoul, Cécile Verrier accourut; elle aussi crut à une catastrophe. — Cette fois, s'écria-t-elle, c'est bien fini. Elle a mieux aimé mourir que d'être à toi! elle se sera empoisonnée!

La pauvre fille devenait folle ; mais déjà Raoul avait la certitude que Constance vivait et qu'elle n'était qu'évanouie. Elle revint à elle pour rassurer Cécile et lui jurer que, fût-elle la plus malheureuse des créatures vivantes, elle voulait vivre et vivrait pour elle.

Cependant elle souffrait d'une oppression que les tendres soins de sa tante et de son mari ne venaient pas à bout de dissiper. Elle ne se l'expliquait pas à elle-même ; elle était sous le coup d'une terreur étrange, frissonnant au moindre bruit, regardant avec surprise autour d'elle, et parfois s'attachant aux bras de sa tante comme pour la supplier de ne pas la laisser seule avec Raoul.

Raoul, qui l'observait douloureusement, comprit l'étendue de leur malheur à tous deux. Il parla d'aller chercher le médecin.

— Non ! non ! ce serait ridicule, lui dit Constance. Je ne suis pas assez malade pour cela. Et elle revint à la prière détournée qu'elle avait si souvent faite à Nice : « J'aurais seulement besoin de repos. »

Raoul lui baisa respectueusement les mains, et, désespéré, mais sans montrer ni effroi ni dépit, il la laissa seule avec sa tante. L'infortuné roula toute la nuit dans sa tête les idées et les projets les plus sombres. Si Constance avait horreur de lui, pourquoi lui avait-elle laissé croire qu'elle avait tout pardonné et qu'elle l'épousait avec joie ? Était-ce par respect pour l'opinion, à cause d'elle-même, ou par dévouement envers lui qu'une rupture venant de la part d'une telle fiancée eût à coup sûr compromis gravement dans la pensée de leur entourage ?.

Il y avait de cela sans doute, Raoul ne se trompait pas ; mais il y avait eu autre chose de plus déterminant pour Constance ; elle l'aimait, et Raoul le sentait bien : mais de quel amour pénible et navré ! Elle avait voulu le rendre heureux, sans tenir compte d'elle-même, et la force physique ne secondait plus la force morale. Elle retombait dans les bras de la mort au moment de vouloir donner la vie à son amour.

Dès que le jour parut, Raoul courut chez le médecin. C'était un homme grave et religieux, l'ami de la famille. Il lui confia tout.

— Alors, je m'étais bien trompé, dit le vieillard : j'ai eu tort de hâter ce mariage. La cause du trouble physique est toute morale. C'est un combat intérieur d'une terrible énergie, et la pauvre nature humaine y succombe. Il faudrait être son frère pendant plus ou moins longtemps ; mais vous n'aurez pas ce courage.

— Je l'aurai, répondit Raoul ; et il retourna auprès de sa femme, qu'il trouva endormie et paisible.

— Laissez-moi seul avec elle, dit-il à la tante, qui avait dormi sur le sofa ; allez vous reposer.

— Non, répondit Cécile, non, je ne la laisserai pas seule avec toi ! Tue-moi, si tu veux, je ne sors pas d'ici.

— Eh bien ! restez, reprit Raoul. Quand elle s'éveillera, je lui parlerai devant vous : cela vaudra mieux.

— Parle-moi tout de suite, dit Constance, qui avait

entendu; je suis forte à présent, je suis calme. Mais attends... ce que tu veux me dire, je le sais! Écoute-moi, d'abord. Écoute-moi aussi, tante chérie. J'ai à me confesser!

« Je me suis crue une femme forte. J'ai pris mes bonnes croyances et mes sincères aspirations pour des facultés qui étaient en moi. Je vois que je ne suis qu'une pauvre fille nerveuse et impressionnable en qui l'esprit parle, veut et ne triomphe pas. Abel! je t'aime pourtant de toute mon âme! voilà qui est aussi vrai que le serment de fidélité que je t'ai fait hier devant Dieu et devant les hommes... mais... »

— Mais ce serment sincère t'a abusé toi-même, dit Raoul en l'interrompant. Tu as cru m'aimer de toute ton âme, tu le crois encore, puisque tu le dis; mais cela n'est pas, quelque chose de plus fort que toi s'y oppose : c'est le souvenir, qui te revient plus terrible, au moment où tu crois l'avoir chassé!

— Eh bien, oui, c'est cela, dit Constance en se jetant dans ses bras et en fondant en larmes. Frère! pardonne-moi; je ne doute pas de l'avenir, je l'estime, je suis sûre de toi! Mon cœur n'est pour rien dans cette peur que j'ai maintenant de tes caresses; il t'appartient, rien ne le blesse ni ne le décourage quand il s'agit de toi; et il est encore à toi si entier et si soumis, que je n'ai pas d'autre volonté que la tienne. Mais que veux-tu! j'étais venue avec toi dans cette chambre, et je me suis sentie mourir; non, quelque chose de pis! je crois que j'ai eu des visions, le délire, et j'ai peur, à présent, si je ne m'accorde pas un peu de répit et de pitié à moi-même, de devenir folle. Aie pitié aussi, toi! tu vois bien que tu m'es cent fois plus cher que ma vie; mais combien la tienne serait malheureuse si je perdais la raison! Ah! je suis humiliée d'avouer la faiblesse de mes facultés. Pendant quatre ans, j'ai si orgueilleusement compté sur elles! Je supportais l'absence, il n'y avait pas en moi accès au moindre doute, et j'avais fait de la douleur d'attendre, une espèce de joie divine qui me soutenait. J'aspirais à tes embrassements comme on aspire au ciel. Oui, je suis là pour ne rien cacher, et le mariage me donne le droit de tout dire. J'ai vécu si purement, j'ai lu tant de choses sérieuses, j'ai été si peu curieuse de celles qui ne le sont pas, j'ai voulu avec tant d'austérité savoir les mystères de la création et les desseins de Dieu sur nous, que j'ai appris, de vingt à vingt-cinq ans, ce que les filles sont censées ignorer. Eh bien, cette connaissance théorique n'avait mis aucun trouble dans ma vie. Je veux, me disais-je, que celui que j'aime trouve ma pensée aussi pure que mon cœur, et je ne rêvais que d'un baiser aussi fervent qu'une prière, d'une étreinte où nos âmes se confondraient : et cela, je me disais : nul autre homme au monde ne pourrait m'en faire savourer les délices. Je n'aurais pas pu aimer un autre homme que lui. Le baiser d'un autre homme ne m'effleurerait seulement pas. Si j'étais condamnée à le subir, je mourrais d'horreur et de dégoût auparavant.

« Oui, voilà ce que je me disais : ce que l'on appelle le plaisir sans amour, c'est une souillure pour une âme élevée. Pardonne-moi, Abel, j'étais peut-être exagérée et trop rigide en voulant faire de mon instinct une loi de la conscience applicable à tous; mais c'est ce beau rêve qui m'a donné quatre ans de foi et de repos intérieur. Que veux-tu! les instincts entraînent les uns vers les plaisirs des sens, et les autres vers les joies de l'esprit. Si l'on pardonne aux premiers, il faut bien pardonner aussi aux autres. Dépendait-il de moi de ne pas croire à l'amour exclusif?

« J'y croyais! et si quelqu'un alors fût venu me dire : Vous êtes folle; une fille sans expérience peut croire cela pour son compte, et c'est tant mieux pour sa vertu! mais un homme est un être si différent qu'il ne peut pas subir la même loi et s'imposer la même retenue, un homme est entraîné, forcé par la nature à ne pas vivre sans femme, et l'idéal ne lui suffit pas. Eh bien! si l'on m'eût dit cela, j'aurais cru qu'on me trompait! J'aurais répondu : Si les tentations de l'homme sont plus fortes, comme sa force physique est aussi plus grande que la nôtre, et que l'éducation développe davantage son intelligence qui est sa force morale, il peut combattre ses passions avec des chances égales aux nôtres. Et, comme je te savais le plus intelligent et le plus moral des hommes, j'aurais, sans aucun orgueil en ce qui concerne mon propre mérite à tes yeux, répondu de toi comme de moi-même.

« Je m'étais trompée, cher Abel! Tu avais succombé à des séductions plus puissantes que mon souvenir. J'en ai été accablée et terrassée d'abord. Et puis, je me suis reproché mon orgueil, car c'était de l'orgueil, cette fois, je ne devais m'en prendre de ta faute qu'à moi seule. J'avais eu, sans doute, dans l'âme, quelque langueur qui s'était communiquée à la tienne. Je t'avais peut-être écrit quelque lettre froide ou distraite... Je ne m'en souviens pourtant pas ! »

— C'est que cela n'est pas ! dit Raoul, rien ne m'excuse ! Toutes les lettres que j'ai reçues de toi étaient adorables !

— Eh bien ! il faut, reprit Constance, qu'il y ait eu, par suite de ce voyage imprévu en Angleterre, dont tu n'avais pas eu le temps de m'avertir, quelques lettres égarées. Tu auras pensé, malgré toi, que je te négligeais, que j'étais patiente jusqu'à la tiédeur, que sais-je ! Toi, tu ne m'as pas écrit de Londres ni d'Édimbourg. Tu n'en avais pas le courage, tu ne voulais pas me tromper ! J'aurais dû deviner cela, et me préparer au coup qui m'a frappée. Je n'ai été inquiète que de ta vie et de ta santé. Je ne te croyais pas dans un pays où je pouvais perdre ta trace. Enfin, j'ai péri par où j'ai péché, la confiance !

« Eh bien ! qu'y faire ! Nous avons eu tort de ne pas nous expliquer dans nos lettres, sur la notion que nous avions l'un et l'autre de la fidélité réciproque. Il est bien évident que nous différions là-dessus sans le savoir. »

— Non ! s'écria Raoul, nous ne différions pas ! Je pensais, je pense encore comme toi. Je ne suis pas sophiste et je n'ai jamais eu l'impudence de vouloir te prouver que j'avais d'autres droits que les tiens.

Des droits! peut-on, hélas! donner le nom de droit à la liberté que l'on a de s'avilir! Je me suis purement et simplement dégradé à tes yeux et aux miens propres! Je te l'ai dit en me confessant, Constance, et tu m'as admis à réparer, car tu ne nies pas la réhabilitation, toi, esprit religieux et sûr! mais je vois bien que si ta raison a admis cette possibilité, ton instinct l'a repoussée. L'amour, nous étions bien d'accord là-dessus, c'est l'idéal de l'égalité, puisque c'est le suprême effort vers l'assimilation des âmes, et quand cette égalité se dérange, la joie des âmes est troublée, l'enthousiasme chancelle; quelque chose qui alimentait le feu sacré manque tout à coup, et la flamme pâlit de part ou d'autre. Voilà ce qui est arrivé; je ne suis plus ton égal : formidable leçon pour l'homme qui voudrait s'attribuer les droits de l'impunité! La plupart du temps, le mariage est l'union d'une fille pure avec un homme cent fois souillé par la débauche; et, ici, où l'homme est un des plus rigides qui puissent se présenter à toi parmi ceux de son temps et de son âge, il y a encore une si grosse tache qu'il se trouve descendu d'un degré et qu'il n'est plus l'égal de sa compagne!

— Ne dis pas cela! s'écria Constance. Je ne veux pas que tu le dises!

— Je veux le dire, reprit Raoul avec force. Je dois constater ce qui est et ce qu'aucun préjugé masculin ne pourrait empêcher d'être. Ta générosité n'y peut rien non plus. Quelque effort que tu t'imposes pour ne pas te croire au-dessus de moi, tu as pris cette place et tu ne pourrais la perdre qu'en te dégradant toi-même par une faute. Eh bien! Constance, réfléchis à ma situation vis-à-vis de toi! Je me suis dit : Je vais entrer dans le mariage avec une tache que ma femme voit et accepte. Me voilà son inférieur, à ses yeux comme aux miens. Si je n'eusse fait ma fortune moi-même, elle pourrait m'accuser d'une honteuse spéculation. Peut-être, au lieu d'oublier, se souviendra-t-elle chaque jour davantage. Peut-être arrivera-t-elle à me mépriser pour avoir accepté le rôle que je joue, et à s'entendre dire qu'elle est autorisée à me tromper pour me punir de l'avoir trompée le premier.

— Non! dit Constance offensée, tu ne t'es pas dit tout cela en pensant à moi!

— J'ai voulu me le dire comme tout homme raisonnable se le fût dit à ma place. J'ai voulu supposer le possible jusqu'au delà de ses limites; ce qu'il en reste d'acceptable est bien assez terrible, car il est certain que, dès le premier jour de notre union, une partie de ce que j'ai prévu et bravé se réalise. Tu ne retrouves pas la passion dans ton cœur. La pitié fait aujourd'hui tout ton amour, et mes caresses t'épouvantent jusqu'au froid de la mort! Ta sainte pudeur n'eût pas rougi dans les bras d'un homme pur. Elle se révolte, elle t'étouffe, elle t'étrangle la respiration en sentant venir à elle l'homme qui a connu d'autres plaisirs et à qui tu crois n'avoir rien de nouveau à faire éprouver. Ton imagination, amèrement frappée, croit voir autour de nous les spectres de tes rivales, et tu es humiliée de faire le plus grand sacrifice qu'une vierge puisse offrir à un homme qui peut-être n'en sentira pas le prix, et qui se rappellera dans tes bras le plaisir que d'autres lui ont donné. Il faut toucher la plaie vive; c'est cela, n'est-ce pas, Constance?

— Hélas! répondit-elle en pleurant; c'est bien malgré moi, va! et jusqu'au dernier moment j'ai cru que ces spectres ne reviendraient pas.

— Ils sont revenus, reprit Raoul; je m'y attendais, je l'avais prévu. Aussi, je ne venais pas à toi avec l'imbécile vanité d'un homme qui croit charmer les démons par sa présence. Je venais, résigné et abattu comme aujourd'hui, pour te dire : Sois ma sœur aussi longtemps que tu voudras. Je n'ai aucun droit sur toi. J'ai risqué le bonheur et la dignité de ma vie entière en t'épousant malgré la lucidité de mon désespoir. Je puis être à jamais ton esclave et ta victime. Que pouvais-je faire de plus? dis, Constance, que pouvais-je faire de plus, moi en qui tu as reconnu de la fierté et de la dignité? moi qui crois, et tu le crois aussi, que l'homme doit avoir l'initiative de la volonté dans le mariage et ne le céder qu'à la persuasion?

« Imagine et invente quelque autre épreuve que celle que je subis en ce moment, je n'en connais pas, moi! Si tu en trouves, je m'y soumets! Si tu veux ne m'aimer réellement que dans quatre autres années, après m'avoir vu, tout ce temps-là, sous ton toit, ne vivre que pour toi seule, sans me plaindre ni me révolter, croiras-tu que ma faute est lavée? Tu vois, je t'ai parlé, à Nice, le langage de la passion. Il t'a émue, tu t'es crue persuadée, et, le lendemain déjà, tu te disais — je l'ai bien senti — : « Ce qu'il m'a dit là, il l'avait dit à d'autres ! » Aujourd'hui, je te parle autrement ; je te parle presque froidement, en homme qui se prépare, non à l'ivresse de la possession, mais à des années d'expiation et de respect absolu. »

— Ah ! tu es un ange ! s'écria Constance, et moi, je suis une ambitieuse ! Je demandais plus que je ne mérite !

— Non ! répondit Raoul, je ne veux pas que tu demandes moins et que ton ambition se contente d'un amour que tu ne sentirais pas à la hauteur du tien ; je ne veux pas d'une affection résignée et mélancolique. Je veux ce que tu as de plus ardent et de plus suave dans le cœur. Je sens que je le mérite déjà (car j'ai déjà souffert le martyre), mais que tu ne pourrais pas me donner encore la félicité que je rêve. J'attendrai, Constance, j'attendrai ! Laisse-moi dire seulement que je ne veux pas désespérer, parce qu'il est impossible de désespérer, quand on est un homme de cœur et qu'on se sent plus fort que la fatalité. Ce n'est pas parce qu'on a faibli une fois qu'il est inévitable de faiblir encore ; cela est bon pour ceux qui chérissent leurs faiblesses ; mais quand on les déteste fortement, on les écrase si bien qu'on les efface. Ne vois-tu pas que j'ai résisté à tout, depuis notre malheur ? Et moi, n'ai-je pas senti cent fois qu'un orgueilleux vulgaire eût devancé ton arrêt et se fût enfui pour se dérober à tes reproches, à ton indifférence, à sa propre honte ? J'ai pourtant de l'orgueil, tu le sais ; eh bien, j'ai bu la honte jusqu'à la lie. J'ai enduré la mortelle contrainte d'assister à tes efforts impuissants pour revenir à moi. Et puis... quelque chose de plus horrible encore, je t'ai vue souffrir, et je sais que tu souffres toujours, et que c'est moi qui en suis la cause! Je sais qu'il y a en moi un homme que tu plains, que tu aimes, que tu consoles, et un autre homme qui ne te semble plus à toi et qui te fait peur, comme un étranger qui voudrait s'introduire par force ou par ruse dans ton intimité. Et pourtant, je suis là, moi, assistant à ma propre dégradation et ne voulant pas que ta pitié me trompe pour m'en épargner l'horreur. Est-ce là un faible amour, celui qui appelle le châtiment au lieu de s'y soustraire, et qui, au lieu de dire : Je serai avili par le pardon, demande l'épreuve et endure sans aigreur la méfiance qui l'impose?

— Eh bien! tu as raison, dit Constance avec résolution, et j'accepte ce que tu dis là. Non! je ne veux pas te pardonner, parce qu'en effet le pardon est une chose humiliante quand il n'est pas la réconciliation de tout l'être qui l'accorde. Je te donnerai le temps que tu demandes, et nous serons deux tendres amis jusqu'au jour où tu seras bien sûr que mon amour n'est pas de la pitié, mais de l'enthousiasme et du respect, comme autrefois. Ce jour viendra bientôt, je le sens! Moi aussi, je t'ai mis en méfiance de mon amour, car, sans le vouloir, je me suis cruellement vengée! Nous avons donc à faire justice de nos torts mutels! Demandons à Dieu qu'il nous les pardonne à tous deux, et qu'il nous rende l'idéal sans lequel, pas plus que moi, tu ne peux vivre!

Raoul emmena sa femme à la campagne, où elle désirait passer l'hiver dans ses terres, et où il sentait bien qu'elle avait besoin de se retrancher contre les prévenances de la duchesse et le retour possible de la Mozzelli. Ils ne reparurent à Paris qu'au bout de deux ans. Constance était alors éblouissante de fraîcheur et de beauté, et la bonne Cécile berçait une petite fille toute rose qu'elle s'imaginait avoir mise au monde.

Constance, alors, écrivit à la Mozzelli :

« Soyez heureuse, chère amie, car je le suis, et je vous aime. »

Elle ne la revit pourtant pas, et s'éloigna doucement de la duchesse, qui n'insista qu'autant qu'il le fallait pour sauver les apparences.

Constance est heureuse en effet; son mari a souffert plus longtemps qu'elle. Pendant longtemps, au milieu des plus ardents transports de sa reconnaissance pour elle, il a senti l'aiguillon du remords, et cette comparaison qu'elle avait tant redoutée s'établissait tellement à son avantage dans la pensée de Raoul, qu'elle eût béni la faute de celui-ci, si elle n'eût été jalouse que par vanité. Mais ce n'est point là la jalousie des belles âmes; elles sont humbles et un peu craintives. Il est dangereux de les froisser, et Raoul avait été bien près de voir celle de Constance se briser sans retour dans la nuit du meurtre.

# NOUVELLE COLLECTION HETZEL ET LÉVY

## In-18 à 3 fr. et 3 fr. 50 cent.

### EXTRAIT DU CATALOGUE

**Histoire de Law**, par A. Thiers .................... 1 vol.

**Histoire de Saint-Cyr**, par Théophile Lavallée (7 fr.) .... 2 vol.

**Théâtre complet**, par George Sand .................... 5 vol.

**Autour d'une table**, par George Sand .................... 1 vol.

**Critiques et études littéraires**, par George Sand .... 1 vol.

**Chamfort**, précédé d'une histoire de Chamfort, par P. J. Stahl, augmenté de pensées inédites; suivi d'une table raisonnée et alphabétique, et des lettres de Mirabeau à Chamfort. 1 vol.

**Histoire d'un homme enrhumé**, par Stahl (3 fr. 50 c.). 1 vol.

**Découverte de Paris par une famille anglaise**, par Ruffini (3 fr. 50 c.) .................... 1 vol.

**Le docteur Antonio**, par Ruffini .................... 1 vol.

**La Vie à Paris**, par Auguste Villemot .................... 2 vol.

**M. et Mme Fernelle**, par Ulbach .................... 1 vol.

**Mademoiselle Fruchet**, par Paul Deltuf .................... 1 vol.

**Mirabeau et la marquise de Monnier**, avec un choix des lettres de Mirabeau à la Marquise, par Benjamin Gastineau .................... 1 vol.

**Mon Village**, par Juliette Lamber .................... 1 vol.

**Histoire du théâtre en France depuis vingt ans**, par Théophile Gautier .................... 6 vol.

**Critiques, portraits et caractères contemporains**, par J. Janin .................... 1 vol.

PARIS. — IMPRIMERIE J. CLAYE, RUE SAINT-BENOIT, 7.

www.ingramcontent.com/pod-product-compliance
Lightning Source LLC
Chambersburg PA
CBHW070633170426
43200CB00010B/1999